Voor Mijn Kinderen

Voor Mijn Kinderen

Spiritueel onderricht van
Sri Mata Amritanandamayi

Voor Mijn Kinderen

Spiritueel onderricht van Sri Mata Amritanandamayi

Uitgegeven door:

Mata Amritanandamayi Center, P.O. Box 613
San Ramon, CA 94583, Verenigde Staten

--------—------ *For My Children (Dutch)* ----------------

Eerste druk van het MA Center: mei 2016

In Nederland:

www.amma.nl
info@amma.nl

In België

www.vriendenvanamma.be

In India:

www.amritapuri.org
inform@amritapuri.org

Inhoudsopgave

Voorwoord

De essentie van India ligt in haar cultuur van Zelfrealisatie, het verheffen van de gewone mens tot de hoogten van Godsbewustzijn. Terwijl India zich tot het westen keert voor materieel comfort en genot, zoekt het westen, gedesillusioneerd in de lege grootsheid van het materialisme, leiding en bescherming in de eeuwige filosofieën van het oosten. Vanaf aloude tijden tot op de dag van vandaag zijn er Godgerealiseerde zielen in India geboren, om hen die naar de waarheid zoeken naar hun doel te leiden.

Het is niet verwonderlijk dat egoïstische individuen, onder het mom van verlichte meesters, misbruik hebben gemaakt van de dorst naar spirituele leiding. De wereld heeft hieronder erg geleden en heeft een paranoïde houding ontwikkeld ten aanzien van 'Gurus'. Omwille van enkele charlatans, hoeven we niet het geloof te verliezen dat echte meesters bestaan. Vanwege het bestaan van kwakzalvers houden we ook niet op met het zoeken naar een arts met goede naam, die ons van ziekten kan genezen.

"Waarom heeft iemand een spirituele gids nodig? "kun je je afvragen. "Kan ik niet na het lezen van enkele boeken mijn eigen spirituele pad bewandelen?"

Als iemand arts wil worden, dan moet hij studeren onder leiding van geleerde professoren. Zelfs na het afstuderen aan de medische faculteit, wordt hij als co-assistent in een hospitaal geplaatst, onder de leiding van praktiserende artsen. We besteden vele jaren om onze droom om arts te worden in vervulling te laten gaan. Wat als we de hoogste waarheid willen realiseren? Als we spirituele wijsheid verlangen dan moeten we waarachtige spirituele meesters zoeken die de waarheid bestudeerd, in praktijk gebracht en ervaren hebben. Wat onderscheid een ware leraar van een bedrieger?

In de aanwezigheid van een verlicht wezen
voelt men een tastbare aura van liefde en rust.
We kunnen de gelijke behandeling waarnemen
die iedereen krijgt van iemand die is opgegaan
in het goddelijke, ongeacht status of rijkdom,
godsdienst of ras. Elk woord en elke handeling van een ware meester dient om mensen
spiritueel te laten ontwaken. Er bestaat geen
spoor van ego of egoïsme in hem. Met open
armen ontvangt en dient hij iedereen.

Een ideaal voorbeeld van zulk een leraar
is Mata Amritanandamayi, de moeder van
onsterfelijke gelukzaligheid. Amma, zoals ze
genoemd wordt, is geboren in 1953 en wordt
vereerd als de belichaming van de universele
moeder. Dit boek bevat een selectie van haar
spirituele leringen en antwoorden op veelge-
stelde vragen. Amma's woorden hebben de
eenvoud van een dorpsmeisje, en de diepgang
van iemand die spreekt uit goddelijke ervaring.
Wat ze onderwijst is universeel en toepasbaar

in ons dagelijkse leven, of we nu serieuze spirituele aspiranten, mensen die in de wereld leven of sceptici zijn.

Bovenal dwingen de leringen van Amma ons om na te denken. Het zijn geen oppervlakkige uitingen die onze geest en intellect voeden met voorgekauwd voedsel. Integendeel, men moet zijn verstand gebruiken om haar woorden te overdenken teneinde hun volledige betekenis te achterhalen. Soms kan een uitspraak onvolledig of onvoldoende uitgelegd lijken. Toen Amma gevraagd werd om nadere uitleg, zei ze: "Laat hen erover nadenken." Dat wil zeggen, de principes die ze verkondigt moeten overdacht, niet uitvoerig uitgelegd worden. Als iemand serieus is over Zelfrealisatie en zichzelf met ernst en nederigheid wijdt aan de studie en praktijk van deze leringen, dan kan men zeker het doel bereiken. Open dit boek op een willekeurige pagina en zie hoe de woorden van Amma tot je spreken.

Een korte beschrijving van Amma's leven

"Vanaf mijn geboorte had ik een intense liefde voor de heilige naam van God. Ik herhaalde de naam van de Heer onafgebroken, met elke ademhaling. Het resultaat was een constante stroom van goddelijke gedachten in mijn geest, ongeacht de plaats waar ik was of het werk dat ik deed."

Geboren op 27 september 1953 in een afgelegen dorp langs de zuidwestkust van India, vertoonde Sudhamani (Zuiver Juweel), zoals ze door haar nederige ouders genoemd werd, vanaf haar geboorte tekenen van goddelijkheid. Ze werd geboren met een ongewone donkerblauwe huidskleur. De artsen verboden haar ouders om haar gedurende de eerstvolgende paar maanden te wassen, in de hoop de mysterieuze 'ziekte' te genezen. Sudhamani begon haar moedertaal Malayalam te spreken toen ze nauwelijks zes maanden oud was en begon ook op deze leeftijd te lopen, zonder vooraf op handen en voeten te hebben gekropen.

Vanaf haar vijfde jaar begon ze vele devotionele liederen voor Krishna te componeren, vol van de essentie van goddelijke liefde en aangrijpend verlangen naar haar geliefde. Hoewel de verzen kinderlijk in hun eenvoudige onschuld waren, waren ze doordrongen van mystieke en filosofische diepgang. Ze werd door deze liederen en door haar mooie stem welbekend in het dorp. Op haar negende moest ze de school verlaten omdat haar moeder ziek werd en het huishoudelijke werk niet aankon. Ze stond op voor zonsopgang en werkte tot elf uur 's avonds. Ze kookte voor het hele gezin, hoedde de koeien, waste alle kleding, hield het huis en de tuin netjes, enzovoorts Ondanks de lange werkdagen besteedde ze alle tijd die ze overhad aan hartstochtelijk gezang en gebeden tot de Heer Krishna.

Weldra begon ze vele goddelijke visioenen te hebben, en tegen de tijd dat ze zeventien was verdiepte deze toestand zich in een permanente vereniging met het Goddelijke. Ze zag de wereld als de manifestatie van de alles-doordringende Ene. Enkel het noemen van Gods naam dompelde haar geest onder in diepe innerlijke absorptie.

In die tijd kwam er in haar een sterk verlangen opzetten om de Goddelijke Moeder te realiseren. Om Haar te mogen aanschouwen ontwierp ze zich aan een strenge discipline, waaronder het gedurende verscheidene maanden weigeren van voedsel en onderdak. Deze periode van intensieve tapas vond zijn hoogtepunt in het verschijnen van de Goddelijke Moeder aan haar, die een schittering van goddelijk licht werd en in haar opging. Sudhamani's gelaat straalde van goddelijke pracht. Ze voelde geen drang om met anderen om te gaan en besteedde het grootste deel van haar tijd in eenzaamheid, genietend van de gelukzaligheid van Godsrealisatie.

Op een dag hoorde ze echter een innerlijke stem zeggen: "Je bent niet geboren om enkel gelukzaligheid en vrede voor jezelf te ervaren, maar om troost en verlichting te geven aan de lijdende mensheid. Gebruik je goddelijke gaven om de mensen op te beuren. Dat zal de echte verering zijn van Mij, die in het hart van alle wezens verblijft als hun essentie." Vanaf die dag wijdde Sudhamani, nu eerbiedig aangesproken als 'Amma' of 'Ammachi' (Moeder), zich aan het welzijn van de mensheid. Wie er ook naar haar komt, spiritueel of werelds, geduldig luistert ze naar hun problemen, troost hen zoals alleen een moeder dat kan en gebruikt haar goddelijke kracht om hen van hun lijden te verlossen.

"Verschillende soorten mensen komen me opzoeken, sommige uit devotie, anderen voor het vinden van een oplossing voor hun wereldse problemen, voor het genezen van ziekten enzovoorts. Ik wijs niemand af. Kan ik hen verwerpen? Zijn ze verschillend van mij? Zijn we niet allen kralen geregen aan dezelfde levensdraad? Zij zien mij overeenkomstig hun niveau van denken. Zowel diegenen die mij lief hebben als diegenen die mij haten zijn hetzelfde voor mij."

—Amma

Over Amma

1

Kinderen, de moeder die je gebaard heeft kan zorgen voor dingen die verband houden met dit leven. Heden ten dage is zelfs dit zeer zeldzaam. Maar Amma's doel is om je zo te leiden, dat je gelukzaligheid kunt genieten in al je toekomstige levens.

2

Wanneer de pus uit een wond wordt geknepen, doet dat pijn. Maar zal een oprechte arts dit nalaten alleen maar omdat het pijn doet? Op dezelfde manier voel je pijn wanneer je vasana's worden verwijderd. Het is voor je eigen bestwil. Net zoals het ongedierte verwijderd wordt dat de ontkiemende plant verwoest, zo verwijdert Amma de slechte vasana's in je.

3

Het is misschien gemakkelijk voor je om van Amma te houden, maar dat is niet genoeg. Probeer Amma in iedereen te zien. Kinderen, denk niet dat Amma alleen tot dit lichaam beperkt is.

4

Echt van Amma houden betekent van alle wezens in deze wereld houden op dezelfde wijze.

5

De liefde van hen, die alleen van Amma houden wanneer Amma hun Haar liefde toont, is niet echt. Alleen wanneer men zich vasthoudt aan Amma's voeten ondanks haar uitbranders, dan houdt men echt van Amma.

6

Iemand, die in deze Ashram leeft en van iedere handeling van Amma leert, zal bevrijd worden. Als Amma's daden en woorden overdacht worden, dan hoeft men geen enkel geschrift te bestuderen.

7

De geest moet zich aan iets vasthouden. Dit is niet mogelijk zonder geloof. Wanneer een zaadje is gezaaid hangt zijn opwaartse groei af van de wortels die diep in de aarde gaan. Zonder geloof is spirituele groei niet mogelijk.

8

Waar je ook heen gaat, je moet of je mantra in stilte zingen of mediteren. Als dit niet mogelijk is, moet je spirituele boeken lezen. Verspil geen tijd. Amma geeft niets om het verlies van tien miljoen roepies, maar Amma is echt bezorgd wanneer ook maar een enkel moment verspild wordt. Geld kan terugverdiend worden, verloren tijd kan nooit teruggewonnen worden. Kinderen wees je altijd bewust van de waarde van tijd.

9

Kinderen, Amma zegt niet dat je moet geloven in Amma of in een God in de hemel. Het is voldoende als je in jezelf gelooft. Alles is binnen in je.

10

Als je echt van Amma houdt, doe dan sadhana en ken je Zelf. Amma houdt van je zonder iets van je te verwachten. Het is voldoende voor mij als ik mijn kinderen altijd zie genieten van vrede, of het nu dag of nacht is.

11

Alleen wanneer je onzelfzuchtige liefde hebt tegenover zelfs een mier, kan Amma van mening zijn dat je echt van haar houdt. Amma beschouwt andere vormen van liefde niet als liefde. Liefde die voortkomt uit zelfzucht is ondraaglijk voor Amma.

12

Amma's natuur verschilt overeenkomstig je handelingen en gedachten. De vorm van de Heer als 'Narasimha' (half man, half leeuw), die woest en brullend op de demonische koning Hiranyakasipu sprong, werd vreedzaam in de aanwezigheid van zijn toegewijde Prahlada. Overeenkomstig de verschillende daden van Hiranyakasipu en Prahlada nam God, die zuiver is en voorbij alle eigenschappen, twee verschillende houdingen aan. Op dezelfde wijze verandert Amma's gedrag in relatie tot de houding van haar kinderen. Amma, die je ziet als 'Snehamayi', de belichaam van liefde, kan zich soms voordoen als 'Kruramayi' de wrede! Dit is om de fouten in het gedrag van mijn kinderen te corrigeren. De enige bedoeling is om hen goed te maken.

De Guru

13

Als we eenmaal een bepaalde winkel kennen waar we alles wat we nodig hebben kunnen kopen, waarom zouden we dan nog verder dwalen langs alle winkels op de markt? Het is verloren tijd en het heeft geen zin. Op dezelfde manier moeten we ophouden met ronddolen wanneer we eenmaal een volmaakte Guru hebben gevonden, en sadhana doen om het doel te bereiken.

14

De Guru zal zelf naar de zoeker komen. Het is niet nodig om rond te dwalen op zoek naar hem, maar de zoeker moet wel een intense onthechting ten aanzien van de wereld hebben.

15

Een Guru is onmisbaar voor een sadhak. Als een kind dicht bij de rand van een vijver gaat, wijst zijn moeder op het gevaar en leidt het kind weg. Op dezelfde manier geeft de Guru, wanneer nodig, gepaste aanwijzigingen. Zijn aandacht zal altijd bij de leerling zijn.

16

Ook al is God alles-doordringend, de aanwezigheid van een Guru is uniek. Ook al waait de wind overal, toch ervaren we een speciale koelte alleen in de schaduw van een boom. Heeft de bries, die door de bladeren van een boom waait, geen verzachtend effect op hen die in de hete zon reizen? Op dezelfde wijze is een Guru noodzakelijk voor ons die in de verzengende hitte van een werelds bestaan leven. De aanwezigheid van de Guru zal ons rust en vrede geven.

17

Kinderen, de stank van uitwerpselen zal niet verdwijnen, hoe lang ze ook in de zon liggen, tenzij de wind eroverheen waait. Zo ook zal eeuwenlang mediteren niet de vasana's verwijderen, tenzij men met de Guru leeft. De genade van de Guru is noodzakelijk. Alleen in een onschuldige geest zal de Guru zijn genade storten.

18

We moeten een houding van totale overgave aan de Guru hebben om spiritueel vooruit te gaan . Wanneer een jongetje het alfabet leert, neemt de leraar zijn vinger en laat hem op het zand krabbelen. De beweging van de vinger van het jongetje wordt geleid door de leraar. Maar als het kind trots denkt: "Ik weet alles", en niet de leraar gehoorzaamt, hoe kan het dan leren?

19

Ervaringen zijn inderdaad de Guru voor iedereen. Verdriet, mijn kinderen, is de Guru die je dichter bij God brengt.

20

Men moet eerbiedige devotie (bhaya bhakti) voor de Guru hebben. Sterker nog, men moet een nauwe relatie met de Guru onderhouden en men moet voelen dat de Guru helemaal van hem is. De relatie moet zijn zoals dat van een kind met zijn moeder. Hoezeer ook de moeder het kind slaat en wegduwt, het blijft zich toch aan haar vastklampen. Alhoewel eerbiedige devotie ons zal helpen spiritueel te groeien, kan echt voordeel alleen verkregen worden door een nauwe relatie met de Guru.

21

Kinderen, enkel het liefhebben van de Guru zal jullie vasana's niet vernietigen. Men moet devotie en geloof hebben gebaseerd op de essentiële principes van spiritualiteit. Hiervoor is toewijding van lichaam, geest en intellect noodzakelijk. Zo'n geloof in en gehoorzaamheid aan de Guru zal de vasana's uitroeien.

22

Een zaadje wordt in de schaduw van een boom gezaaid. Nadat het begonnen is te ontkiemen, moet het verplant worden. Anders zal het niet goed groeien. Op dezelfde wijze moet een aspirant voor enige tijd bij zijn Guru blijven, tenminste twee tot drie jaar. Daarna moet hij zijn sadhana op een eenzame plek doen. Dit is noodzakelijk voor zijn spirituele groei.

23

Een echte Guru verlangt alleen de spirituele groei van de leerling. Testen en beproevingen worden gegeven voor de vooruitgang van de leerling en voor het verwijderen van zijn zwakheden. De Guru kan zelfs een leerling fouten verwijten die hij niet begaan heeft. Alleen zij, die standvastig zulke beproevingen doorstaan, kunnen groeien.

24

De echte Guru kan alleen gekend worden door ervaring.

25

Een kunstmatig uitgebroed kuiken kan alleen dan overleven wanneer er gezorgd wordt voor het ideale eten en de juiste omgeving, terwijl een scharrelkuiken kan leven met welk voedsel dan, ook, onder welke omstandigheden dan ook. Kinderen, de sadhak die bij de Guru leeft is zoals het scharrelkuiken. Hij zal de moed hebben om elke situatie het hoofd te bieden. Niets kan hem tot slaaf maken. Een sadhak die bij zijn Guru heeft geleefd, zal altijd de kracht hebben die hij verkregen heeft door de nauwe band met zijn Guru.

26

Een leerling kan een bezitterige houding hebben ten aanzien van zijn Guru. Deze houding
zal niet makkelijk vernietigd worden. De leerling kan verlangen naar zoveel mogelijk liefde
van zijn Guru als mogelijk is. Maar wanneer
het ernaar uitziet dat hij die niet krijgt, kan
hij de Guru uitschelden en zelfs verlaten. Als
men de liefde van de Guru wil, dan moet men
onzelfzuchtig leren dienen.

27

De toorn van God kan worden gesust, maar
zelfs God zal de zonde van minachting voor
de Guru niet vergeven.

28

Guru en God zijn in iedereen aanwezig. Maar
in de beginstadia van sadhana is een externe Guru nodig. Nadat een zeker stadium is
bereikt, kan iemand de essentiële principes
begrijpen door elk voorwerp en zo zelfstandig

vooruitgaan. Totdat een jongen zich bewust wordt van zijn doel studeert hij zijn lessen uit angst voor zijn ouders en leraren. Maar wanneer hij zich eenmaal bewust is van zijn doel, studeert hij uit zichzelf, waarbij hij afziet van slaap, de bioscoop en andere dingen waarvan hij vroeger genoot. De angst en eerbied, die hij tot dan toe voor zijn ouders had, was geen zwakte. Kinderen, wanneer het bewustzijn van het doel in jullie opkomt, ontwaakt ook het Guru-aspect binnenin.

29

Ook al komt iemand in contact met een Guru, hij zal alleen als leerling geaccepteerd worden wanneer hij daar geschikt voor is. Zonder de genade van de Guru kan iemand de Guru niet kennen. Iemand die echt op zoek is naar de waarheid zal nederig en eenvoudig zijn. De genade van de Guru zal alleen op zo'n iemand neerdalen. Iemand vol van ego kan geen toegang tot de Guru hebben.

30

Kinderen, men kan zeggen: "God en ik zijn één en dezelfde", maar een leerling zal nooit zeggen: "Ik en mijn Guru zijn één". De Guru is degene die het goddelijke 'Ik' in je heeft doen ontwaken. Deze grootsheid zal altijd blijven. De leerling moet zich overeenkomstig gedragen.

31

Net zoals de hen haar net uitgekomen kuikens beschermd onder haar vleugels, zo zal de echte Guru volledig zorgdragen voor hen die volgens zijn instructies leven. Hij zal zelfs wijzen op hun domme fouten en ze onmiddellijk corrigeren. Hij zal niet toestaan dat ook maar iets van ego zich ontwikkelt in zijn leerlingen. Om iemands trots te breken kan de Guru soms op een schijnbaar wrede manier handelen.

32

Mensen, die een smid een stuk heet ijzer met zijn hamer zien bewerken, kunnen denken dat hij een wreed iemand is. Ook het stuk ijzer kan denken dat er geen bruut is zo gemeen als hij. Maar bij elke hamerslag denkt de smid alleen aan de nieuwe vorm die te voorschijn zal komen. Kinderen, de echte Guru is zoals de smid.

God

33

Vele mensen vragen: "Is er een God? Zo ja, waar dan?" Vraag deze mensen of de kip of het ei er eerst was, of wat er eerst was de kokosnoot of de kokospalm. Wie kan zulke vragen beantwoorden? Voorbij de kokosnoot en de kokospalm bestaat een kracht die als grondslag voor beiden fungeert, een kracht die voorbij woorden is. Dat is God. Kinderen, de Ene die de oorspronkelijke oorzaak van alles is, wordt God genoemd.

34

Kinderen, het ontkennen van God is als het gebruiken van de tong om te zeggen: "Ik heb geen tong." Net zoals een boom vervat zit in een zaadje en boter de melk doordringt, zo verblijft God in alles.

35

Ook al is een boom latent aanwezig in een zaadje, om te kunnen ontspruiten moet het zaad de nederigheid hebben om onder de grond te gaan. Als het ei moet uitkomen, dan moet de hen het uitbroeden. Zoveel geduld is noodzakelijk. Boter kan alleen van melk gescheiden worden, wanneer de melk tot rust komt en gestremd en gekarnd wordt. Alhoewel God alles doordringt is krachtige inspanning nodig om Hem te realiseren.

36

Waar er ego en zelfzucht is, kan men God niet zien. Als God omwille van onze oprechte gebeden een stap dichter bij ons komt, dan verwijdert Hij zich van ons duizend stappen door onze zelfzucht. Iemand kan in minder dan geen tijd in een put springen, maar eruit klimmen is moeilijk. Net zo kan Gods genade, die moeilijk te verkrijgen is, in één ogenblik verloren gaan.

37

Kinderen, zelfs wanneer iemand vele levens boete doet, is Godsrealisatie niet mogelijk als zo iemand geen verlangen en zuivere liefde voor Hem voelt.

38

Een vrouw wordt door haar broer beschouwd als een zuster, door haar man als een echtgenote en door haar vader als een dochter. Wie er ook naar haar kijkt, vanuit welk gezichtspunt dan ook, ze blijft één en dezelfde. Zo ook is God slechts één. Iedereen ziet God op een verschillende wijze afhankelijk van zijn instelling.

39

God kan elke vorm aannemen. Wanneer men verschillende vormen uit klei maakt, zoals een olifant of een paard, verandert de aard van de klei niet. Deze vormen zijn latent aanwezig in de klei. Zo ook kan uit hout elke vorm worden gesneden. We kunnen de beelden namen geven of zij kunnen allemaal beschouwd worden als gemaakt van hout. Op dezelfde wijze is God allesdoordringend en heeft geen eigenschappen. Maar Hij openbaart Zichzelf overeenkomstig onze verschillende voorstellingen van Hem.

40

Kinderen, net zoals water ijs wordt en weer smelt tot water, zo kan God door Zijn wil elke vorm aannemen en weer terugkeren naar Zijn oorspronkelijke aard.

41

Door een dam te bouwen kan water, dat in verschillende richtingen stroomt, worden opgeslagen in een reservoir. Er kan elektriciteit worden opgewekt door de kracht van de waterval die zo tot stand is gebracht. Als op dezelfde wijze de geest, die nu ronddoolt langs verschillende zintuiglijke voorwerpen, kan worden geoefend in het zich concentreren, dan kan door deze kracht van concentratie de visie van God verkregen worden.

42

Kinderen, wanneer we eenmaal onze toevlucht nemen tot God, valt er niets te vrezen. God zal voor alles zorgdragen. Kinderen spelen een spel genaamd 'tikkertje'. Een jongen loopt achter de anderen aan om iemand te 'tikken'. De anderen lopen weg voor de jongen. Als iemand van de jongens een bepaalde boom aanraakt, kan hij niet getikt worden. Op dezelfde wijze kan niemand ons iets maken wanneer we ons vastklampen aan God.

43

Wanneer iemand naar het portret van zijn vader kijkt, dan denkt hij niet na over de kunstenaar of de verf, hij herinnert zich alleen zijn vader. De toegewijde ziet God, de universele vader, op dezelfde wijze in beelden. Atheïsten kunnen zeggen dat de beeldhouwer moet worden vereerd, niet het beeld. Maar zij zeggen dit alleen omdat zij geen goed begrip van God en van het beginsel achter het vereren van beelden hebben.

44

Het heeft geen zin om God de problemen en de onrechtvaardigheden in de wereld te verwijten. God heeft ons het juiste pad getoond en is niet verantwoordelijk voor de problemen die wij maken door het pad niet te volgen. Een moeder vertelt haar kind om niet langs de rand van de vijver te lopen of geen vuur aan te raken. Waarom zouden we de moeder verwijten maken als het kind, dat zijn moeders waarschuwing in de wind te slaat, in de vijver valt of zijn hand brandt?

45

Zij die zelf niets doen en zeggen "God zal voor alles zorgen", zijn luiaards. De intelligentie, die God ons gegeven heeft, dient om elke handeling met onderscheidingsvermogen uit te voeren. Als we zeggen dat God voor alles zal zorgen, waarvoor dient dan onze intelligentie?

46

Sommigen kunnen redeneren: als alles de wil van God is, is het dan niet God die ons fouten laat maken? Het is zinloos dit te zeggen. De verantwoordelijkheid voor alle handelingen, die uitgevoerd zijn met een gevoel van ego, ligt alleen bij diegene die handelt en niet bij God. Als we werkelijk geloven, dat hct God is die ons een misdaad heeft laten plegen, dan moeten we ook het doodvonnis dat de rechter over ons uitspreekt, kunnen accepteren als komende van God. Is dit voor ons mogelijk?

47

Kinderen, Godsrealisatie en Zelfrealisatie zijn hetzelfde. Ruimdenkendheid, gelijkmoedigheid, het vermogen om iedereen lief te hebben: dat is Godsrealisatie.

48

Zelfs al zouden alle wezens van de hele wereld ons lief hebben, dan kan die liefde ons nog niet een fractie van de gelukzaligheid geven die we ervaren wanneer we een moment Gods liefde mogen proeven. Zo groot is de gelukzaligheid die we door Zijn liefde voelen, dat niets ermee vergeleken kan worden.

49

Enkel omdat we God niet zien, kunnen we daarom redeneren dat er geen God bestaat? Vele mensen hebben nooit hun grootvader gezien. Zeggen ze daarom dat hun vader geen vader had?

50

Als kinderen stellen we zoveel vragen en leren zoveel van onze moeder. Als we wat ouder worden dan vertellen we onze problemen aan onze vrienden. Wanneer we volwassen zijn, vertrouwen we ons lijden toe aan onze partner. Dit is de samskara die we in ons hebben. Deze gewoonte moeten we veranderen. We moeten ons verdriet alleen aan God toevertrouwen. Het is niet mogelijk om te groeien zonder een metgezel. Alleen wanneer we ons verdriet met iemand delen, voelen we ons opgelucht. Laat deze metgezel en vertrouweling God zijn.

51

De vriend van vandaag kan de vijand van morgen zijn. De enige vriend die we altijd kunnen vertrouwen en waar we onze toevlucht kunnen zoeken is God.

52

Wordt God er beter van als we in Hem geloven? Heeft de zon kaarslicht nodig? Het voordeel van het geloof gaat alleen naar de gelovige. Wanneer we God met geloof in een tempel aanbidden en getuige zijn van het branden van kamfer als een offergave aan God, dan zijn wij het die concentratie en rust verkrijgen.

53

Volgelingen van verschillende godsdiensten volgen verschillende gewoonten en hebben verschillende centra voor aanbidding, maar God is één en dezelfde. Ook al wordt melk in het Malayalam 'pal' genoemd en 'dhud' in het Hindi, de kwaliteit en kleur ervan veranderen niet. Christenen roepen God aan met de naam van Christus en Moslims noemen Hem Allah. De vorm van Sri Krishna is niet hetzelfde in Kerala als in noord India, waar Hij afgebeeld wordt met een tulband. Iedereen begrijpt en aanbidt God volgens zijn eigen cultuur en voorkeur. Overeenkomstig de behoefte van de tijd en de verschillende voorkeuren van de mensen hebben grote zielen dezelfde God afgeschilderd in verschillende vormen.

54

Om jezelf te verheffen van de identificatie met het lichaam tot het niveau van het hoogste Zelf, moet je de wanhoop ervaren van iemand die opgesloten zit in een brandend huis of iemand die in diep water aan het verdrinken is. Zo iemand zal niet lang moeten wachten op de visie van God.

55

Kinderen, wanneer we een sleutel verliezen, dan gaan we naar een slotenmaker om het slot te laten openen. Om het slot van aantrekking en afkeer open te maken, moet je de sleutel zoeken die in de handen is van God.

56

God is de basis van alles. Liefde bloeit door geloof in God. Vanuit liefde komt een gevoel van rechtschapenheid (dharma), gevolgd door rechtvaardigheid en vrede. We zouden net zo gedreven moeten zijn om het verdriet van anderen mee te voelen als we zijn om medicijnen aan te brengen op onze eigen verbrande hand. Dit kan bereikt worden door volledig geloof in God.

Mahatma's en Avatars

57

'Dezelfde Atman die in alle wezens verblijft, verblijft ook n mij. ' 'Niets is verschillend van mij.' 'Verdriet en moeilijkheden van anderen zijn van mij.' Iemand die deze waarheden realiseert door zijn eigen ervaring, is een Jnani.

58

Het verschil tussen een Avatar en een Jivanmukti is te vergelijken met het verschil tussen een man met een aangeboren aanleg voor zingen en iemand die net heeft leren zingen. De eerste kan een lied leren door er slechts eenmaal naar te luisteren, terwijl de ander een lange tijd nodig heeft om het te leren.

59

Omdat alles deel uitmaakt van God, is iedereen een incarnatie. Jiva's, die niet weten dat ze deel zijn van God, denken: "Ik ben het lichaam. Dit is mijn huis, mijn eigendom......"

60

Goddelijke incarnaties (Avatars) hebben een gevoel van volheid dat anderen niet hebben. Omdat Avatars vereenzelvigd zijn met de natuur is hun geest niet wat we normaal 'geest' noemen. Alle geesten zijn van hen. Een Avatar is zelf een 'universele geest'. Hij is voorbij de paren van tegengestelden, zoals zuiverheid en onzuiverheid, vreugde en verdriet. De neerdaling van God zelf in menselijke vorm wordt een goddelijke incarnatie of Avatar genoemd.

61

Geen enkele beperking kan een Avatar binden. Avatars zijn als het topje van een ijsberg in de Oceaan van Brahman. Het geheel van de kracht van God kan niet begrensd worden door een menselijk lichaam van vijf tot zes voet, maar God kan door dit kleine lichaam naar eigen goeddunken werken. Dit is het unieke van Avatars.

62

Avatars zijn een grote hulp bij het dichterbij brengen van mensen tot God. Het is alleen ter wille van ons dat God een vorm aanneemt. Avatars zijn niet het lichaam, alhoewel dit voor ons wel zo lijkt.

63

Waar Mahatma's ook heengaan, er verzamelen zich mensen rondom hen. Mensen worden door hen aangetrokken zoals stof tot een wervelwind. Hun adem en zelfs het briesje dat hun lichaam beroert is heilzaam voor de wereld.

64

Kinderen, Jezus werd gekruisigd en Sri Krishna werd gedood door een pijl. Deze dingen gebeurden alleen door hun wil. Niemand kan Avatars tegen hun wil benaderen. Krishna en

Jezus konden degenen die tegen hen waren tot as verbranden, maar dat deden ze niet. Ze hadden een lichaam aangenomen om een voorbeeld te stellen voor de wereld. Ze kwamen om te tonen wat opoffering betekent.

65

Een sannyasi is iemand die overal afstand van heeft gedaan. Hij zal de fouten van anderen verdragen en vergeven en hen met liefde langs het juiste pad leiden. Sannyasi's zijn een voorbeeld van zelfopoffering. Zij zijn altijd gelukzalig en zijn niet voor hun vreugde afhankelijk van externe voorwerpen. Zij verblijven in hun eigen Zelf.

66

Iemand die naast een klein kind loopt en zijn hand vasthoudt, loopt langzaam en met kleine stapjes, zodat het kind niet struikelt en valt. Zo ook moet men om gewone mensen te helpen hoger op te komen, eerst afdalen naar hun niveau. Een zoeker moet nooit trots zijn en denken: "Ik ben een sannyasi." Hij moet een voorbeeld zijn voor de wereld.

67

In Zijn leven speelde Sri Krishna vele rollen: die van koeherdersjongen, koning, boodschapper, gezinshoofd en wagenmenner. Hij bleef niet op een afstand staan, zeggend: "Ik ben de Koning." Krishna onderwees iedereen overeenkomstig de samskara van die persoon. Hij leidde iedereen met wie hij optrok. Alleen zulke grote zielen kunnen de wereld leiden.

68

Er zijn sommigen die het oker kleed aantrekken en trots verklaren: "Ik ben een sannyasi." Zij zijn als wilde knolplanten. De wilde en de gekweekte soorten lijken uiterlijk weliswaar op elkaar, maar de wilde vorm heeft geen knollen wanneer hij uit de grond gehaald wordt. Oker is de kleur van vuur. Alleen zij die hun lichaamsbewustzijn hebben verbrand, zijn geschikt om het te dragen.

De geschriften

69

Kinderen, geschriften zijn de ervaringen van de wijzen. Ze kunnen niet door het intellect gevat worden. Ze kunnen alleen gerealiseerd worden door persoonlijke ervaring.

70

We hoeven niet alle geschriften te leren. Ze zijn even omvangrijk als de oceaan. We hoeven alleen de essentiële principes uit de geschriften op te pikken, zoals parels uit de zee. Nadat we het sap uit het suikerriet gezogen hebben, spugen we de stengel uit.

71

Alleen iemand die sadhana beoefend heeft, kan de subtiele aspecten van de geschriften vatten.

72

Alleen het bestuderen van de geschriften zal niemand naar volmaaktheid leiden. Om een ziekte te genezen is het niet voldoende om het voorschrift op een medicijnfles te lezen, men moet het medicijn innemen. Bevrijding kan niet verkregen worden door alleen de geschriften te bestuderen, oefening is essentieel.

73

Het beoefenen van meditatie samen met het bestuderen van de geschriften is beter dan mediteren zonder de hulp van kennis van de geschriften. Wanneer de geest onrustig wordt, kan iemand die de geschriften bestudeerd heeft, kracht herwinnen door na te denken over de woorden ervan. Zij helpen hem zijn zwakheden te overwinnen. Alleen zij die sadhana combineren met de studie van de geschriften kunnen de wereld echt onzelfzuchtig dienen.

74

De studie van de geschriften is tot op zekere hoogte noodzakelijk. Iemand die landbouwkunde heeft gestudeerd kan gemakkelijk een kokospalm kweken. Wanneer hij enig symptoom van ziekte ziet, weet hij hoe te handelen. Maar door alleen een afbeelding van een kokosnoot te tekenen, kunnen we onze dorst niet lessen. Om kokosnoten te krijgen moet men de zaailing van een kokospalm planten en voeden. Om de ervaring te hebben van alles wat beschreven staat in de geschriften, moet men sadhana doen.

75

Degene die zijn tijd besteedt aan het vergaren van boekenkennis van de geschriften, zonder sadhana te doen, is als een dwaas die probeert in de bouwtekening van een huis te wonen.

76

Als een reiziger de weg kent, zal de reis gemakkelijk zijn en hij zal de bestemming snel bereiken. Kinderen, geschriften zijn de wegenkaarten, die ons de weg tonen naar ons spirituele doel.

77

Iemand die gekozen heeft voor een spiritueel leven moet niet meer dan drie uur per dag besteden aan het bestuderen van de geschriften. De rest van zijn tijd moet hij besteden aan japa en meditatie.

78

Het je overdreven overgeven aan de studie van de geschriften maakt het je onmogelijk te mediteren. De wens om mensen te onderwijzen zal altijd aanwezig zijn in je geest. Je zal denken: "Ik ben Brahman. Waarom zou ik mediteren?" Zelfs als je probeert om te zitten voor meditatie, zal de geest het niet toestaan en je dwingen om op te staan.

79

Kinderen, wat denk je te bereiken door je hele leven de geschriften te bestuderen? Om te weten hoe suiker smaakt, heb je daarvoor een hele zak nodig? Een snufje zal voldoende zijn.

80

Veronderstel dat een graantje in de graanschuur gelooft dat het zichzelf genoeg is. Het denkt: "Waarom zou ik neerbuigen voor de grond?" Het realiseert zich niet dat alleen door uit de graanschuur te komen en te ontspruiten, het zichzelf kan vermenigvuldigen en nuttig kan zijn voor anderen. Als het in de graanschuur blijft, wordt het enkel voedsel voor de ratten. Iemand die de geschriften bestudeert zonder sadhana te doen, is zoals het graan in de graanschuur. Wat voor nut heeft intellectuele kennis zonder sadhana? Zoals een papegaai kan hij enkel herhalen: "Ik ben Brahman. Ik ben Brahman."

Kennis, devotie en activiteit

81

Gelijkmoedigheid is yoga (éénwording met God). Als men eenmaal deze gelijkmoedigheid heeft bereikt, dan is er een voortdurende stroom van genade. Er is geen sadhana meer nodig. De een houdt ervan om de rijpe jackfruit rauw te eten, de ander houdt ervan als hij gekookt is, een derde verkiest hem geroosterd. Alhoewel smaken verschillen is het doel van het eten de honger te stillen. Op dezelfde wijze volgt iedereen een verschillend pad om God te kennen. Kinderen, wat voor pad men ook verkiest om te volgen, het doel is hetzelfde: Godsrealisatie.

82

Devotie zonder juist begrip van het essentiële principe kan ons niet naar bevrijding leiden. Het zal alleen een andere oorzaak van gebondenheid voor de mens zijn. De jasmijn-kruipplant groeit niet naar boven; hij vertakt zich alleen zijwaarts door zich te binden aan andere bomen.

83

Kennis zonder devotie is als het eten van stenen.

84

Devotie, die geworteld is in het essentiële principe, is het toevlucht zoeken bij de ene God, die zich manifesteert als het Alles, met onbaatzuchtige liefde, zonder te denken dat er vele afzonderlijke goden zijn. Met het doel duidelijk voor ogen moet men voorwaarts gaan. Als men naar het oosten wil gaan, dan is het zinloos om naar het westen te reizen.

85

Kinderen het doel van het leven is Godsrealisatie. Streef daarnaar! Een geneesmiddel

moet pas op een wond aangebracht worden
nadat die gereinigd is van alle vuil. Hij zal
niet genezen en kan ontsteken als er enig vuil
overblijft. Zo moet ook kennis alleen worden
gegeven wanneer het ego weggespoeld is door
de stroom van devotie. Alleen dan zal spirituele ontwikkeling plaats vinden.

86

Als boter gesmolten wordt, zal het niet ranzig
worden. Maar als het weigert om gesmolten
te worden en trots zegt: "Ik ben boter", zal
het uiteindelijk gaan stinken. Zolang het ego
bestaat, moeten trots en andere onzuiverheden worden weggesmolten door devotie. Dan
stinken zij niet langer.

87

Sommige mensen vragen waarom Amma
belang hecht aan het pad van devotie. Kinderen, zelfs Shankaracharya, die de Advaita
filosofie vestigde, schreef uiteindelijk het

devotionele stuk 'Soundarya Lahari'. De wijze Vyasa, de samensteller van de Brahma Sutra's, was pas tevreden nadat hij de Bhagavatam, die Krishna's leven verheerlijkt, had geschreven. Omdat Shankara en Vyasa zich realiseerden dat het spreken over Advaita of de filosofie van de Brahma Sutras niet van nut was voor de meeste mensen, schreven ze devotionele werken.

Eén of twee uit de duizend zijn misschien in staat om het doel te bereiken via het pad van kennis. Kan Amma de overige zoekers afwijzen? Alleen het pad van devotie zal voor hen van nut zijn.

88

Als we het pad van devotie volgen, kunnen we vanaf het eerste begin genieten van de vrucht van gelukzaligheid, terwijl bij de andere paden deze alleen tegen het einde kan worden ervaren. Bhakti is zoals de jackfruitboom die zijn vrucht draagt aan de basis. Bij andere bomen moet men naar de top klimmen om hun vruchten te plukken.

89

In het begin moeten we 'bhaya bhakti' (devotie met een element van vrees) hebben ten aanzien van God. Nadien is dat niet nodig. Wanneer de staat van hoogste liefde is bereikt, verdwijnt het element van vrees volledig.

90

Hoeveel we ook mediteren en japa doen, als er geen liefde voor God is, is onze inspanning tevergeefs. Hoe hard men ook roeit, een boot die tegen de stroom in vaart, zal slechts langzaam vooruitgaan. Maar als we een zeil hijsen zal de boot vaart krijgen. Liefde voor God is zoals het zeil dat ons zal helpen snel naar het doel te bewegen.

91

Iedereen zal zeggen, dat het doen van 'karma' voldoende is. Maar om 'karma' correct te doen, is kennis noodzakelijk. Handelen zonder kennis zal geen juist handelen zijn.

92

Handelen uitgevoerd met shraddha zal ons naar God leiden. We moeten shraddha hebben. Alleen door shraddha kunnen we concentratie verkrijgen. Het is vaak pas nadat we iets gedaan hebben, dat we erover nadenken hoe we het beter hadden kunnen doen. Pas na het verlaten van het examenlokaal denken we: "Oh, het zou beter geweest zijn om zo te antwoorden." Wat is het nut ervan om er naderhand over na te denken?

93

Kinderen, shraddha is nodig voor elke handeling die we verrichten. Handelen zonder shraddha is zinloos. Een sadhak herinnert zich de details van taken die hij vele jaren geleden heeft verricht, omdat hij ze met buitengewone aandacht heeft gedaan. Zelfs al doen we ogenschijnlijk alledaagse handelingen, toch moeten we aandachtig zijn.

94

We zijn erg voorzichtig wanneer we een naald vasthouden, ook al ervaren we het als een onbenullig ding. Alleen als we er aandacht aan besteden, kunnen we de draad in de naald steken. Als we even onaandachtig zijn tijdens het naaien, zal de naald in onze vinger prikken. We laten nooit een naald rondslingeren, want het zou iemand's voet kunnen prikken. Een sadhak moet bij elk werk dat hij verricht een dergelijke aandacht opbrengen.

95

Je moet niet praten tijdens het werk. Als je praat krijg je geen concentratie, en werk dat zonder aandacht of concentratie gedaan is, is zinloos. Vergeet niet mantra japa te doen tijdens je werk. Als het werk zodanig is, dat je geen japa kunt doen, bid dan voordat je begint: "God, door middel van Uw kracht doe ik Uw werk. Geef me alstublieft de kracht en het vermogen om het goed uit te voeren."

96

Iemand die voortdurend de herinnering aan God vasthoudt terwijl hij werkt, is de echte karma yogi, de ware zoeker. Hij ziet God in wat voor werk hij ook doet. Zijn geest is niet in het werk, maar rust in God.

97

Slechts zeer weinig mensen die de samskara hebben overgeërfd uit vorige levens, kunnen het pad van kennis volgen. Maar als je een ware Guru hebt, kun je ieder pad volgen.

98

Wanneer we op een vorm mediteren, mediteren we eigenlijk op ons eigen ware Zelf. Op het midden van de dag, wanneer de zon recht boven je staat, is er geen schaduw. Meditatie op een vorm is net zo: wanneer je een bepaald stadium bereikt verdwijnt de vorm van de meditatie. Wanneer het stadium van volmaaktheid is bereikt dan is er geen schaduw, geen dualiteit, geen illusie.

99

Eerst is externe waakzaamheid noodzakelijk. Zolang we extern niet alert zijn, zal het niet mogelijk zijn onze innerlijke natuur te overwinnen.

Pranayama

100

Pranayama moet met de grootste zorg beoefend worden. Wanneer men de oefeningen doet, moet men met een rechte rug zitten. Alledaagse ziektes kunnen behandeld en genezen worden, maar niet de kwalen die veroorzaakt zijn door de onjuiste beoefening van pranayama.

101

Als pranayama beoefend wordt, dan ontstaat er beweging in de darmen in de onderbuik. Er is een vastgestelde tijdsduur voor pranayama-oefeningen. Als men deze regel overtreedt, dan kan het spijsverteringssysteem onherstelbare schade oplopen en zal het voedsel onverteerd uitgescheiden worden. Daarom mag pranayama alleen beoefend worden onder de directe leiding van een deskundige, die weet wat er in ieder stadium moet worden gedaan en die leiding en zo nodig geschikte genees-krachtige kruiden kan geven. Als pranayama wordt beoefend alleen met de begeleiding van een boek dan kan dat schadelijk zijn. Niemand moet dit doen.

102

Kinderen, het aantal keren dat pranayama moet worden uitgevoerd is voor elk stadium gespecificeerd. Als deze specificaties niet goed worden nagevolgd, kunnen de oefeningen gevaarlijk zijn. Het effect is vergelijkbaar met het vullen van een zak met een capaciteit van 5 kilo met 10 kilo rijst.

103

Kumbhaka is het ophouden van de adem-haling dat optreedt wanneer men concen-tratie krijgt. Men kan zeggen dat de adem zelf gedachte is. Dus zal het ritme van de ademhaling veranderen overeenkomstig de concentratie van de geest.

104

Zelfs zonder pranayama te doen kan kumbhaka door devotie optreden. Het is voldoende als men voortdurend japa beoefent.

Meditatie

105

De geest geconcentreerd maken is echte opvoeding of kennis.

106

Men kan mediteren door de aandacht te richten op het hartcentrum of tussen de wenkbrauwen. Zolang men niet in staat is om gemakkelijk in een bepaalde houding te zitten, moet men mediteren door de aandacht op het hart te richten. Meditatie tussen de wenkbrauwen mag alleen beoefend worden in het bijzijn van de Guru, omdat tijdens deze meditatie het hoofd verhit kan raken en er hoofdpijn en duizeligheid ervaren kan worden. Soms kan men aan slapeloosheid lijden. De Guru weet wat er in zulke gevallen gedaan moet worden.

107

Meditatie helpt om de geest van rusteloosheid en spanning te bevrijden. Om te mediteren is geloof in God niet noodzakelijk. De geest kan gericht worden op elk onderdeel van het lichaam of op elk punt. Men kan zich ook inbeelden dat men opgaat in het oneindige, net zoals de rivier opgaat in de oceaan.

108

Geluk komt niet van uiterlijke voorwerpen maar door het oplossen van de geest. Door meditatie kunnen we alles bereiken, inclusief een lang leven, vitaliteit, gezondheid, charme, kracht, intelligentie en gelukzaligheid. Maar het moet juist beoefend worden, in afzondering en met zorg en alertheid.

109

Het is mogelijk om zowel concentratie als mentale zuiverheid te verkrijgen door te mediteren op de vormen van God. Zelfs zonder dat we ons daar bewust van zijn, zullen de sattvische kwaliteiten van onze geliefde godheid zich ook in ons ontwikkelen. Zelfs wanneer je niets zit te doen, laat je geest niet dolen. Waar je ogen ook op vallen, beeld je daar de vorm van je geliefde godheid in.

110

Als je er de voorkeur aangeeft op een vlam te mediteren, dan is dat voldoende. Zit enige tijd in een donkere kamer en kijk naar een kaars. De vlam moet standvastig zijn. Je kunt op deze vlam mediteren door hem te visualiseren in het hart of tussen de wenkbrauwen. Nadat je een tijd naar de vlam gestaard hebt, zul je een licht zien, wanneer de ogen dicht zijn. Hierop kun je je ook concentreren. Meditatie kan ook gedaan worden door je in te beelden dat de geliefde godheid in de vlam staat. Maar het mediteren op de geliefde godheid, staande in het offervuur is nog beter. Beeld je in

dat woede, jaloezie, ego en al onze negatieve
kwaliteiten verteerd worden in het offervuur.

111

Stop niet met mediteren enkel omdat de vorm
niet duidelijk is. Probeer elk deel van de geliefde godheid innerlijk te visualiseren, beginnend
met de voeten en omhoog gaand tot aan het
hoofd. Voer het rituele baden van de godheid
uit. Versier de godheid met kleding en sieraden. Voedt Hem of Haar met je eigen handen.
Door deze visualisaties zal de vorm van de
geliefde godheid niet vervagen in de geest.

112

Kinderen, de geest dwingen om te mediteren
is als een stuk hout in water proberen onder te
dompelen. Als men zijn grip verliest komt het
stuk hout onmiddellijk naar boven. Als meditatie niet mogelijk is, doe dan japa. Door japa
zal de geest geschikt worden voor meditatie.

113

In het begin is mediteren op een vorm noodzakelijk. Op deze manier raakt de geest gericht
op de geliefde godheid. Hoe men ook mediteert en welk voorwerp van meditatie men ook
gebruikt, concentratie is belangrijk. Wat voor
nut heeft het om een brief te verzenden en er
extra postzegels op te plakken zonder er het
juiste adres op te schrijven? Het beoefenen
van japa en meditatie zonder concentratie is
daarmee vergelijkbaar.

114

Wanneer we proberen om negatieve gedachten te elimineren, op dat ogenblik beginnen
ze ons last te veroorzaken. Eerder toen we er
helemaal in opgingen, waren ze niet lastig. Pas
wanneer we een andere houding aannemen,
worden we ons bewust van hen. De negatieve
gedachten waren er altijd, maar we merkten
ze alleen niet op. Wanneer we mediteren en

deze gedachten opkomen, moeten we op deze manier redeneren: "O geest, is het van enig nut om bij deze gedachten stil te staan? Is het je doel om over zulke dingen te denken?" Men moet totale onthechting ontwikkelen ten aanzien van wereldse voorwerpen. Men moet onthechting ontwikkelen en liefde voor God moet groeien.

115

Kinderen, als je je slaperig voelt tijdens de meditatie moet je extra voorzichtig zijn dat je er niet aan verslaafd raakt. In de beginstadia van de meditatie zullen alle tamas kwaliteiten aan de oppervlakte komen. Maar als je waakzaam bent zullen ze na verloop van tijd verdwijnen. Als je je slaperig voelt, doe dan japa gebruikmakend van een mala (rozenkrans). Houd de mala dicht tegen je borst en herhaal je mantra op een niet gehaaste wijze. Leun tegen niets aan en houd het lichaam stil. Als je je nog steeds slaperig voelt, doe dan japa staand zonder ergens tegen aan te leunen of je benen te bewegen. Je kunt ook japa doen terwijl je heen en weer loopt.

116

Waar we ook zijn, of we zitten of staan, de rug moet altijd recht gehouden worden. Mediteer niet met een gebogen rug. De geest is een dief die elke gelegenheid te baat neemt om ons tot slaaf te maken. Als we ergens tegenaan leunen dan zullen we ongemerkt in slaap vallen.

117

Een minimum van drie jaar is vereist om de meditatievorm goed ingeprent te krijgen. Aanvankelijk moet men naar concentratie streven door naar een foto van de gekozen godheid te kijken. Nadat men tien minuten naar de meditatievorm gekeken heeft, kan men tien minuten met gesloten ogen mediteren. Als men doorgaat op deze manier te oefenen zal de vorm duidelijk worden.

118

's Nachts is de atmosfeer rustig want dan zijn vogels, dieren en wereldse mensen onderworpen aan de slaap. De golven van wereldse gedachten zijn minder tijdens de nacht. Bloemen bloeien in de late uren. 's Nachts heeft de atmosfeer een uniek energie gevend effect. Als men op die tijd mediteert dan blijft de geest gemakkelijk op één punt gericht en blijft hij gedurende een lange tijd verzonken in meditatie. De nacht is de tijd dat yogi's wakker blijven.

De mantra

119

Als mantra's geen kracht hebben dan hebben woorden ook geen kracht. Als iemand kwaad verteld wordt: "Eruit!" dan is het effect totaal anders dan wanneer hem vriendelijk gevraagd wordt: "Gaat u alstublieft weg." Brengen deze woorden niet verschillende reacties in de luisteraar teweeg?

120

De mantra dient om onze geest te zuiveren, niet om God te behagen. Welke voordeel heeft de mantra voor God?

121

Belast het intellect niet met het nadenken over de betekenis van de mantra. Het is genoeg om hem gewoon te herhalen. Je kunt naar de ashram gekomen zijn per bus, auto, boot of trein, maar verdoe je je tijd met na te denken over het voertuig, als je eenmaal bent aangekomen? Bewustzijn van het doel is genoeg.

122

Er zijn verschillende soorten diksha: diksha door een blik, door aanraking, door gedachte, en door initiatie met een mantra. Het kan geen kwaad de mantra schriftelijk te geven. Wanneer een mantra eenmaal tijdens de initiatie is gegeven, verschuift de hele last van de leerling naar de Guru. Mantra upadesha moet van een Satguru (gerealiseerde meester) verkregen worden. Als de Guru een bedrieger is dan is het resultaat als het gebruik van een vuil filter om water te zuiveren; het water zal onzuiverder worden.

123

Kinderen, ook al ben je in de bus gestapt en heb je een kaartje gekocht, je moet toch op je hoede zijn. Bewaar het kaartje veilig. Als je je kaartje niet kunt laten zien wanneer de conducteur komt, dan stuurt hij je de bus uit. Op dezelfde wijze, denk niet dat je werk ophoudt als je een mantra ontvangen hebt. Alleen wanneer je een mantra juist gebruikt, zal hij je naar het doel brengen.

Japa en bhajans

124

Kinderen, het is moeilijk om met een boot door water te roeien dat bedekt is met waterplanten. Als men ze verwijdert dan zal de boot zich veel gemakkelijker voortbewegen. Op dezelfde wijze zal de meditatie gemakkelijker gaan als de onzuiverheden van de geest door japa zijn verwijderd.

125

Voortdurende japa zonder shraddha is even schadelijk als het onjuist beoefenen van pranayama. Probeer tijdens japa alle gedachten te vermijden. Men moet ervoor zorgen de geest te richten of op de vorm van de meditatie of op de letters van de mantra.

126

Kinderen, herhaal altijd je mantra. De geest moet geoefend worden om onophoudelijk japa te doen, zodat, wat voor werk we ook doen, japa altijd doorgaat. Een spin spint zijn web, waar hij ook gaat. Op dezelfde wijze moeten we tijdens elke handeling doorgaan mentaal japa te doen.

127

Als de vorm vervaagt tijdens de meditatie, beeld hem dan opnieuw in. Je kunt je ook voorstellen om het touw van japa om de geliefde godheid te wikkelen en af te wikkelen, van het hoofd tot de voeten en van de voeten tot het hoofd. Dit zal de geest helpen om zich op de vorm te richten.

128

Hoeveel we een kat ook voeren en strelen, op het moment dat onze aandacht ergens anders heen gaat, zal hij voedsel stelen. De geest is net zo. Om zo'n geest te temmen en te concentreren moet je de mantra altijd herhalen. Wandelend, zittend of werkend, de mantra moet doorgaan te stromen, zoals olie die van het ene vat in het andere wordt gegoten.

129

In de beginstadia van de sadhana is japa ook noodzakelijk, samen met contemplatie van de vorm. Maak je geen zorgen als de vorm niet duidelijk is; het is voldoende als je doorgaat met japa. Naarmate je vorderingen maakt zal de geest uiteindelijk gericht raken op de vorm en zal japa op een natuurlijke wijze langzamer worden.

130

In Kaliyuga zijn bhajan en japa doeltreffend. Het geld dat men vroeger kreeg voor het verkopen van duizend aren land, kan nu verdiend worden door het verkopen van slechts één are land. Dit is het speciale kenmerk van Kaliyuga.

Als er zelfs maar vijf minuten concentratie verkregen kunnen worden, is het zeker een grote aanwinst.

131

Kinderen, het is niet nodig om alle verschillende Sahasranama's te reciteren. Eén van hen is voldoende. Alles is aanwezig in elke Sahasranama.

132

Zonsondergang, de tijd dat de dag en de nacht elkaar ontmoeten, is de beste tijd voor sadhaks om te mediteren, omdat goede concentratie kan worden bereikt. Rond deze tijd is de atmosfeer vol onzuivere vibraties en als sadhana niet wordt gedaan, komen er veel wereldse gedachten opzetten. Daarom moet men bij zonsondergang luid bhajans zingen. Het zingen zal zowel de zanger als de atmosfeer zuiveren.

133

Kinderen, bij zonsondergang kunnen bhajans bij voorkeur gezongen worden terwijl je voor een brandende olielamp zit. De rook die ontstaat door het branden van de pit in olie is een siddha oushada (perfect geneesmiddel). Het zuivert zowel ons als de atmosfeer.

134

Omdat de atmosfeer in Kaliyuga vol geluiden is, zijn voor het verkrijgen van concentratie bhajans beter dan meditatie. Voor meditatie is een stille omgeving noodzakelijk. Daarom is het zingen van bhajans voor het verkrijgen van concentratie meer doeltreffend. Door luid te zingen kan men andere afleidende geluiden overstemmen en concentratie verkrijgen. Voorbij concentratie is meditatie. Bhajans, concentratie en meditatie is de juiste volgorde. Kinderen, het voortdurend herinneren van God is meditatie.

135

Als bhajans zonder concentratie gezongen worden is het slechts een verspilling van energie. Als bhajans gezongen worden met één-puntige aandacht, zullen zij de zanger, de luisteraars en ook de natuur goed doen. Te zijner tijd helpen deze liederen de geest van de luisteraar te ontwaken.

136

Kinderen, wanneer de geest onrustig is, dan moet je mantra-japa doen. Anders zal de onrust alleen maar toenemen. Als de geest geen rust heeft, begeeft hij zich naar bepaalde externe voorwerpen. Als dat geen resultaat heeft, dan keert hij zich naar icts anders. Deze externe voorwerpen kunnen ons geen rust geven; alleen herinnering aan God en mantra japa kan de rust in de geest herstellen. Het lezen van spirituele boeken is ook goed.

137

Kinderen leren te tellen door gebruik te maken van een telraam. Door deze methode kunnen ze snel leren. Zo is het ook goed om eerst gebruik te maken van een mala om de geest onder controle te houden. Later kan men japa doen zonder mala. Als we voortdurend japa doen zal de mantra een deel van ons worden. Zelfs als we slapen zal japa voortgaan.

Het nakomen van geloften

138

Kinderen, de kust is er om de golven van de zee tot staan te brengen. In het spirituele leven houdt het nakomen van geloften de golven van de geest in bedwang.

139

Op sommige dagen (ekadasi, volle maan, e.d.) is de atmosfeer volledig onzuiver. Op die tijden is het goed om een gelofte van stilte na te komen en alleen fruit te eten. Omdat fruit bedekt is met een schil wordt het niet erg beïnvloed door atmosferische onzuiverheden. Deze dagen zijn gunstig voor sadhana. Wat voor gedachte we ook hebben, spiritueel of werelds, op deze dagen kan meer concentratie worden bereikt.

140

Het is goed voor een zoeker om de maag tenminste tweemaal per maand te zuiveren. Doe
eenmaal per week een gelofte van stilte en volg
een fruitdieet . Wijdt deze dag aan dhyana en
japa. Dit zal ten goede komen aan het lichaam
en aan sadhana.

141

Een zoeker die regelmatig sadhana beoefent,
kan zijn geest en lichaam geschikt maken voor
meditatie door af en toe te vasten. Maar zij die
naast meditatie inspannend werk verrichten,
moeten nooit volledig vasten. Zij moeten de
vereiste hoeveelheid voedsel tot zich nemen;
fruit is erg goed.

142

Praten onmiddellijk na de meditatie is als het
uitgeven van al je zuur verdiende geld aan
pinda's. De kracht die je hebt opgedaan door
de meditatie zal volledig verspild worden.

143

Een zoeker moet elk woord zorgvuldig uiten. Hij moet spaarzaam en op een gedempte toon spreken, zodat alleen een heel aandachtig luisteraar in staat is om hem te horen.

144

Om te genezen moet een ziek iemand enkele beperkingen in acht nemen. Een zoeker moet ook beperkingen in acht nemen totdat hij het doel bereikt heeft. Minimale conversatie, geloftes van stilte en beperking van het dieet zijn enkele van de voorgeschreven beperkingen voor een zoeker.

145

Het nakomen van geloften is geen teken van zwakte. Houten planken zijn alleen bruikbaar om een boot mee te bouwen, wanneer je ze kunt buigen. Om ze te buigen worden ze verhit. Op dezelfde wijze kan de geest onder controle gebracht worden door het nakomen van spirituele discipline. Zonder dat de geest getemd wordt, kan het lichaam niet beheerst worden.

Geduld en discipline

146

Kinderen, spiritueel leven is alleen mogelijk voor iemand die geduld heeft.

147

Het is niet mogelijk om iemands spirituele groei af te meten aan zijn uiterlijke gedrag. Spirituele vooruitgang kan echter tot op zekere hoogte worden vastgesteld op grond van iemands reactie op moeilijke omstandigheden.

148

Hoe kan iemand die boos wordt om een kleinigheid, de wereld leiden? Kinderen, alleen iemand met geduld kan anderen leiden. Het ego moet volledig vernietigd worden. Hoeveel mensen er ook in een stoel zitten, de stoel klaagt niet. Op dezelfde wijze moeten we de kracht ontwikkelen om te verdragen en te vergeven, hoeveel mensen er ook boos op ons worden. Anders heeft het beoefenen van sadhana geen nut.

149

Door woede gaat veel van de kracht die verkregen is door sadhana, verloren. Wanneer een voertuig rijdt wordt er niet veel energie verbruikt, maar voor het stoppen en opnieuw starten wordt meer brandstof verbruikt. Op dezelfde wijze verliest men kracht door elke porie van het lichaam, wanneer men boos wordt.

150

Hoewel we niet kunnen zien dat de brandstof van een sigarettenaansteker vermindert, is de brandstof op wanneer de aansteker tien of twintig keer gebruikt is. Dit kan men weten, maar men kan het niet zien. Op dezelfde wijze kan de energie die verkregen is door goede gedachten, op vele manieren verloren gaan.

Bijvoorbeeld wanneer we boos worden, gaat alles wat we door sadhana verkregen hebben, verloren. Wanneer we praten verdwijnt energie alleen door de mond, maar bij woede gaat energie verloren door de ogen en de oren en ook door elke porie van het lichaam.

151

Kinderen, het is van levensbelang voor een spirituele aspirant om zich te houden aan een strikte tijdsindeling. Hij moet een dagelijkse routine hebben van japa en meditatie op dezelfde tijd en met een vooraf vastgestelde tijdsduur. De gewoonte om elke dag op een vastgestelde tijd te mediteren, moet worden ontwikkeld. Deze gewoonte zal ons leiden.

152

Zij die een regelmatig tijdsschema voor hun spirituele oefeningen hebben, volgen dat automatisch op de vastgestelde tijden. Iemand die er aan gewend is geraakt om op een bepaalde tijd thee te drinken, moet op die tijd thee krijgen. Anders wordt hij onrustig en gaat op zoek naar thee.

Nederigheid

153

In een cycloon worden enorme bomen ont-
worteld en gebouwen storten in. Maar hoe
krachtig een cycloon ook is, hij kan het gras
niet raken. Dit is de grootsheid van nederigheid.

154

Neer te buigen voor anderen is geen teken
van zwakte. We moeten de grootsheid hebben
om zelfs voor het gras neer te buigen. Als
iemand besluit een bad te nemen, maar niet
bereid is neer te buigen voor de rivier, dan
zal zijn lichaam vuil blijven. Door te zeggen
dat hij niet voor anderen zal neerbuigen, laat
een sadhak niet toe dat zijn onwetendheid
vernietigd wordt.

155

De mens beweert egoïstisch dat hij door slechts een knop in te drukken de wereld tot as kan verbranden. Maar om de knop in te kunnen drukken, moet hij zijn hand bewegen. De mens denkt niet na over de Kracht achter deze beweging.

156

De mens beweert dat hij de wereld heeft veroverd. Hij heeft zelfs nog niet het vermogen om de zandkorrels onder zijn voeten te tellen. Toch zeggen zulke kleine lieden dat ze de wereld hebben veroverd.

157

Stel dat er iemand zonder reden boos op je wordt. Zelfs dan zou een sadhak de houding moeten hebben om voor hem neer te buigen, door te beseffen dat dit een spel van God is om hem te testen. Alleen dan kan men zeggen dat zijn meditatie vruchten heeft afgeworpen.

158

Kinderen, zelfs wanneer een man een boom bij de wortels omhakt, geeft de boom hem schaduw. Dit is hoe een spirituele aspirant moet zijn. Alleen hij die zelfs bidt voor het welzijn van hen die hem kwellen, kan waarlijk een spiritueel persoon genoemd worden.

Egoïsme en verlangen

159

Kinderen, het ego ontstaat uit verlangen en zelfzucht. Het is er niet van nature, maar wordt geschapen.

160

Stel dat we wat geld gaan innen. We verwachten 200 roepies te krijgen, maar ontvangen slechts 50 roepies. We worden kwaad, springen op de man af en ranselen hem af. Later komt de zaak voor het gerecht. Komt onze woede niet voort uit het niet ontvangen van het verwachte bedrag? Wat voor zin heeft het om God te beschuldigen wanneer wij de straf krijgen? Door verwachting ontstaat woede, door verlangen ontstaat verdriet. Dit is het resultaat van het achter verlangens aanhollen.

161

De wind van Gods genade kan ons niet optil-
len wanneer we de last van het ego en verlangens dragen. De last moet worden verminderd.

162

Veel bloemen bloeien aan een boom die
al zijn bladeren verliest, terwijl aan andere
bomen slechts hier en daar bloemen bloeien.
Kinderen, wanneer we volledig vrij zijn van
negatieve tendensen zoals zelfzucht, ego en
jaloezie, zullen we de visie van God verkrijgen.

163

Een sadhak mag zelfs geen spoortje zelfzucht
hebben. Zelfzucht is als wormen die de honing
uit bloemen zuigen. Als we zulke wormen
laten groeien, dan raakt het fruit aan de boom
daarmee besmet. Zulk fruit heeft geen nut
meer. Zo zal ook als we zelfzucht laten groei-
en, dit al onze goede kwaliteiten wegvreten.

164

Kinderen, er is een groot verschil tussen de verlangens van een sadhak en die van een werelds iemand. De verlangens als golven komen, de een na de ander, en verstoren de wereldse mens. Er komt geen einde aan zijn verlangens. Voor een spirituele zoeker is er slechts één wens; wanneer deze eenmaal is vervuld, is er geen verlangen meer.

165

De zelfzucht van een spirituele aspirant is van nut voor de wereld. Er waren eens twee jongens in een dorp. Beiden ontvingen een zaadje van een sannyasi, die daar kwam. De eerste jongen roosterde het zaadje en at het op. Daarmee stilde hij zijn honger. Hij was een werelds iemand. De tweede jongen zaaide zijn zaadje, wat veel graan opbracht, dat hij vervolgens aan anderen uitdeelde. Kinderen, zelfs al hadden beide jongens in het begin de zelfzucht om het zaadje te ontvangen, de zelfzucht van de tweede jongen was van nut voor veel mensen.

166

Er is slechts één Atman. Het is alles doordringend. Wanneer onze geest zich verruimt, kunnen we erin opgaan. Dan zullen zelfzucht en ego voor altijd verdwenen zijn. Voor iemand die gevestigd is in dat hoogste bewustzijn, is alles gelijkwaardig.

Kinderen, dien anderen zonder een enkel ogenblik te verliezen en help behoeftige mensen. Dien de wereld onbaatzuchtig, zonder iets terug te verwachten.

167

Kleine zelfzucht kan grote zelfzucht weghouden. Een klein bordje met "Geen posters", zal de rest van de muur schoon houden. Zelfzucht voor God is ook zo.

Voedsel

168

Zonder afstand te doen van de smaak van de tong, kan men niet de smaak van het hart genieten.

169

Het is niet mogelijk om voor eens en voor altijd te stellen: "Dit moet je eten, dat moet je niet eten." Afhankelijk van de klimatologische omstandigheden verandert de invloed van het dieet op ons. Het soort voedsel dat we hier vermijden, kan nuttig zijn in de Himalaya's.

170

Als je gaat zitten om te eten, moet je eerst tot God bidden. Daarom wordt er een mantra voor het eten gezongen. Het goede moment om ons geduld te testen is wanneer het voedsel voor ons staat.

171

Een asceet hoeft niet rond te trekken op zoek naar voedsel. De spin spint zijn web en blijft op zijn plaats. Hij gaat nergens heen op jacht naar voedsel. Zijn prooi zal verstrikt raken in zijn web. Op dezelfde wijze zal het voedsel van een asceet tot hem komen. Maar hiervoor moet hij iemand met totale overgave aan God zijn.

172

Het dieet heeft een grote invloed op ons karakter. Oud voedsel zal onze tamas vergroten.

173

In de beginstadia van sadhana moet een sadhak zich wat voedsel betreft, beheersen. Een ongecontroleerd dieet veroorzaakt slechte neigingen. Als zaad net is ingezaaid, moet men ervoor zorgen dat de kraaien het niet wegpikken. Maar als het zaad uitgegroeid is tot een boom, dan kan elke vogel erop zitten of een nest erin bouwen. Kinderen, voorlopig moet je je dieet strikt beheersen en regelmatig sadhana beoefenen. In een later stadium kan men gekruid, zuur of niet vegetarisch voedsel eten en zal het je niet beïnvloeden. Maar, kinderen, enkel omdat Amma je verteld heeft dat je in een later stadium elk voedsel kunt eten, moet je dit voedsel ook dan niet nuttigen. Je moet leven als een voorbeeld voor de wereld. Dan zullen anderen van je leren door naar je te kijken. Ook al zijn we zelf niet ziek, we moeten geen zure of gekruide zaken eten in het bijzijn van iemand met geelzucht. We moeten ons zelf beheersen om anderen te helpen beter te worden.

174

Mensen zeggen dat het makkelijk is om op te houden met thee drinken of met roken, maar toch zijn veel mensen niet in staat om het doen. Hoe kan iemand zijn geest beheersen als hij zelfs niet in staat is deze dwaze zaken onder controle te krijgen? Eerst moet men zulke onbeduidende obstakels overwinnen. Als men geen smalle rivier kan oversteken, hoe kan men dan ooit de oceaan oversteken?

175

In het begin mag een sadhak niets uit eettentjes eten. Tijdens het afmeten van ieder ingrediënt is de enige gedachte van de eigenaar hoe meer winst te maken. Terwijl hij thee maakt denkt hij: "Is zoveel melk nodig? Waarom niet wat minder suiker?" Op deze wijze denkt hij altijd aan manieren om de hoeveelheid te verminderen en om meer winst te maken. De vibraties van deze gedachten beïnvloeden de sadhak.

Er was een sannyasi, die nooit de krant las. Maar nadat hij op een dag zijn voedsel genomen had in een bepaald huis, kwam er een sterk verlangen in hem op om de krant te lezen. Van die dag af begon hij over kranten en het nieuws te dromen. Bij navraag ontdekte hij dat de bediende van het huis tijdens het koken de krant had gelezen. Zijn aandacht was niet bij het koken geweest, maar bij het lezen van de krant. De gedachtengolven van de kok beïnvloedden de sannyasi.

176

Eet nooit te veel. Je helemaal volstoppen is zeer schadelijk voor je gezondheid en voor je sadhana. De helft van de maag is voor voedsel, een kwart voor water en de overgebleven ruimte voor de beweging van lucht. Hoe minder voedsel je eet, des te meer mentale beheersing je zult hebben. Ga niet onmiddellijk na het eten slapen of mediteren; anders zal er geen goede spijsvertering plaatsvinden.

177

Als liefde voor God zich eenmaal ontwikkelt, zijn we als iemand die lijdt aan koorts. Iemand die met koorts op bed ligt, zal geen enkele trek hebben in eten. Zelfs zoet voedsel zal hem bitter smaken. Als we God eenmaal liefhebben, neemt onze eetlust spontaan af.

Brahmacharya

178

Kinderen, gekruid en zuur voedsel zijn schadelijk voor brahmacharya. Je moet niet teveel zout gebruiken. Zoet voedsel is tot op zekere hoogte niet schadelijk. Het is niet verstandig om yoghurt 's avonds te nuttigen en melk moet slechts met mate gebruikt worden. Melk om te drinken moet gemengd worden met een gelijke hoeveelheid water en dan worden gekookt. Te veel olie moet worden vermeden, anders zal het vet in het lichaam toenemen, wat op zijn beurt een toename in sperma veroorzaakt.

179

Men moet niet vaak smakelijk voedsel eten. Als het verlangen naar smakelijk voedsel toeneemt, nemen ook de verleidingen van het lichaam toe. Het is beter om 's morgens geen voedsel te nemen en 's avonds slechts een kleine hoeveelheid.

180

Men hoeft niet bang te zijn voor zaadlozingen tijdens de slaap. Heb je niet gezien hoe koemest verbrand en met water vermengd wordt om heilige as te maken? Een lont van stof wordt in de pot geplaatst, met één uiteinde over de rand naar buiten. Het teveel aan water sijpelt door deze lont naar buiten, maar de essentie gaat niet verloren. Eerst nadat het water is verwijderd, slaat de heilige as neer. Maar wees extra voorzichtig dat de lozing niet optreedt tijdens het dromen.

181

Kinderen, telkens wanneer je voelt dat er een lozing staat aan te komen, moet je onmiddellijk opstaan en mediteren of japa doen. Of het nu optreedt of niet, de volgende dag moet je sadhana doen terwijl je vast. Het baden in een rivier of in de zee is goed voor brahmacharya.

182

Tijdens bepaalde maanden en op bepaalde dagen is de atmosfeer volledig onzuiver. In deze tijden kan een zaadlozing optreden, hoezeer je ook oplet. Half juli tot half augustus is zo'n tijd.

183

Door de hitte die ontstaat door de concentratie van de geest, wordt de kracht van brahmacharya getransformeerd in ojas. Als een werelds iemand celibatair leeft, moet ook hij sadhana beoefenen, anders zal de kracht van brahmacharya niet omgezet worden in ojas.

Sadhak en Sadhana

184

Kinderen, onze houding tegenover elk voorwerp in de schepping moet vrij zijn van elke
verwachting. Juist hiervoor is sadhana.

185

Er bestaat geen verkorte weg naar de visie
van God. Alhoewel kandijsuiker zoet is, slikt
niemand het in zijn geheel in; anders zou het
de keel beschadigen. Men moet het langzaam
oplossen en dan doorslikken. Zo ook moet
men sadhana regelmatig en met geduld beoefenen.

186

Het heeft geen zin japa te doen of te mediteren
zonder liefde voor God. Maar zij die denken
dat ze kunnen beginnen sadhana te doen
nadat ze liefde voor God ontwikkeld hebben,

zijn luiaards. Zij zijn als diegenen die wachten op het bedaren van de golven van de oceaan, voordat ze gaan baden.

187

Door sadhana krijgen we shakti en wordt het lichaam bevrijd van ziektes. Uiteindelijk zal het mogelijk zijn om actief te zijn bij iedere gelegenheid zonder in te storten.

188

Onze geliefde godheid brengt ons naar de drempel van realisatie. Als we naar de ashram komen en vijftig kilometer met de bus naar Vallickavu reizen, dan kunnen we gemakkelijk de resterende kilometer te voet afleggen. Zo ook brengt de godheid ons naar de poort van Akhanda Satchitananda.

189

Kinderen, voordat we op weg gaan om de wereld te onderwijzen, moeten we daarvoor de nodige kracht opdoen. Zij die naar de Himalaya's gaan, nemen wollen kleding mee om zich tegen de koude te beschermen. Op dezelfde wijze moet onze geest worden gesterkt, voordat we de wereld ingaan, zodat we niet door tegenslag worden verstoord. Dit is alleen mogelijk door sadhana.

190

Echte satsang is de vereniging van het Jivatma (individuele zelf) met de Paramatma (hoogste Zelf).

191

Als men gek is op dadels zal men zelfs het risico nemen om in een boom met een wespennest te klimmen om ze te bereiken. Op dezelfde wijze zal iemand die lakshya bodha heeft, alle tegenslagen overwinnen.

192

In het begin is het nuttig voor een sadhak om op pelgrimstocht te gaan. Een tocht met ontberingen zal hem helpen de aard van de wereld te begrijpen. Maar iemand die niet genoeg kracht heeft verkregen door sadhana, zal ten ondergaan aan de beproevingen en tegenspoed in de wereld. Daarom is voortdurende sadhana nodig, waarbij men op één plaats blijft en geen tijd verliest.

193

Een volmaakte asana is het eerste wat een sadhak nodig heeft. Dit is niet altijd gemakkelijk te bereiken. Zit elke dag vijf minuten langer dan de vorige dag. Op deze manier zul je geleidelijk aan in staat zijn om twee tot drie uur achter elkaar te zitten. Wanneer je dit geduld verkrijgt, zal alles gemakkelijk gaan.

194

Kinderen, vijf minuten huilen om God is gelijk aan een uur meditatie. Wanneer men huilt gaat de geest gemakkelijk op in de herinnering aan God. Als je niet kunt huilen bid dan: "O God, waarom ben ik niet in staat om om U te huilen?"

195

Een spirituele aspirant moet niet huilen om kortstondige zaken. Hij moet alleen huilen om de waarheid. Laat alleen tranen voor God. Een spirituele aspirant mag nooit zwak worden. Hij moet de last van de hele wereld op zijn schouders dragen.

196

Onze houding kan op drie manieren worden uitgedrukt: door woorden, door tranen en door lachen. Kinderen, alleen als mentale onzuiverheden door tranen worden weggewassen, kunnen we met een open hart glimlachen. Dan zal echt geluk aanbreken.

197

Sadhana is belangrijk. Alhoewel het zaad de plant bevat, zal het enkel ontkiemen wanneer het gecultiveerd, bemest en op de juiste wijze verzorgd wordt. Op dezelfde wijze zal de hoogste waarheid, ook al bevindt die zich in alle levende wezens, alleen door sadhana naar buiten stralen.

198

Als men na het planten niet op de juiste wijze voor het jonge plantje zorgt, zal het uitdrogen. Maar als men het de juiste zorg geeft, kan het niet beschadigd worden en zal het tot een gezonde plant uitgroeien. Zelfs als de top wordt gesnoeid, zal hij vele nieuwe takken aanmaken. Hoe moeilijk de regels ook mogen zijn, in de beginstadia moet een sadhak ze volgen. Alleen dan zal hij groeien.

199

Het is goed voor een spirituele aspirant om tenminste één maal per maand krottenwijken, ziekenhuizen, enzovoorts te bezoeken. Deze bezoeken zullen hem de aard van het lijden van het leven helpen begrijpen en zullen zijn geest mededogend en sterk maken.

200

Je moet de melk die weggezet is voor yoghurt niet verstoren. Alleen dan zal het yoghurt worden en boter opleveren. In de beginstadia van sadhana is afzondering noodzakelijk.

201

Als men zaad zaait, moet men ervoor zorgen dat kippen het niet opeten. Nadat het zaad ontsproten is, is er geen probleem. In het begin van zijn sadhana moet een zoeker aan niemand gehecht zijn. Toegewijden die in de wereld leven, moeten hier extra voorzichtig mee zijn. Verdoe geen tijd met het kletsen met de buren. Zit alleen en zing bhajans, doe japa of mediteer, wanneer je ook maar tijd hebt.

202

In de diepe zee zijn geen golven. Alleen in ondiepe gebieden dichtbij de kustlijn zijn er golven. Zij die volmaaktheid hebben bereikt, zijn kalm. Het zijn de mensen met weinig kennis, die alleen twee of drie spirituele boeken gelezen hebben, die problemen veroorzaken.

203

De golven van de zee kunnen niet worden vernietigd. Zo kunnen ook de gedachten van de geest niet met geweld worden uitgeschakeld. Wanneer de geest eenmaal diepgang en verruiming verkrijgt, zullen de gedachtengolven op een natuurlijke manier bedaren.

204

Kinderen, zowel het ware als het onware zijn vervat in een zaadje. Als zaad gezaaid wordt, breekt het omhulsel open en wordt één met de aarde. De essentie van het zaad ontspruit en groeit. Op dezelfde wijze zijn zowel het ware als het onware in ons. Als we leven door ons vast te houden aan het ware, zal niets ons kunnen deren; we zullen verruimd worden. Als we ons toevlucht zoeken bij het onware, kunnen we niet groeien.

205

Voor iemand die de werkelijkheid kent, is de hele wereld zijn rijkdom. Hij kan niets waarnemen als verschillend van zijn eigen Zelf.

206

Iemands waarde wordt bepaald door zijn daden. Ook al heeft iemand goed onderwijs gehad en een goede baan, niemand zal hem respecteren wanneer hij steelt. De vooruitgang van een sadhak dient beoordeeld te worden naar zijn daden.

207

Heb je niet de soldaten en politiemannen gezien die als standbeelden stilstaan, zelfs in de regen en de hete zon? Evenzo dient een sadhak, waar hij ook mag staan, zitten of gaan liggen, volkomen stil te zijn. Er mogen geen onnodige bewegingen zijn van zijn handen, benen of lichaam. Hiervoor moet men zich voorstellen dat het lichaam dood is. Uiteindelijk zal dit door oefening een gewoonte worden.

208

Zij die een boot voorbij de golven de zee in willen roeien, roeien hard en met gesloten ogen. Mensen op de kust moedigen hen aan door met hun armen te wuiven en door te roepen. De man die roeit slaat geen enkele acht op hen. Zijn enige gedachte is om met de boot voorbij de greep van de golven te komen. Wanneer hij eenmaal de golven gepasseerd is, hoeft hij niets meer te vrezen. Als hij wil kan hij zelfs enkele minuten op de roeispanen uitrusten. Op dezelfde manier ben jij nu ook in het midden van de golven. Ga waakzaam verder, zonder aandacht aan andere zaken te schenken. Houdt het doel voor ogen en je zult de bestemming bereiken.

209

Een spirituele aspirant moet heel voorzichtig zijn met het andere geslacht. Je onderkent de gevaren van een wervelwind pas wanneer hij je optilt en je neersmijt.

210

Kinderen, water heeft geen kleur, maar een meer of een vijver heeft de kleur van de lucht. Evenzo komt het door ons eigen slechte karakter dat we kwaad in anderen zien. Probeer altijd het goede in anderen te zien.

211

Een sadhak hoort niet deel te nemen aan ceremonies rond huwelijk of dood. Bij het eerste
denkt iedereen, van klein kind tot oude man,
aan het huwelijk, bij het tweede treuren allen
over het verlies van een sterfelijk wezen. De
gedachtengolven van beide gebeurtenissen
zijn schadelijk voor een zoeker. Deze vibraties
dringen de onbewuste geest binnen en maken
iemand onrustig over onechte zaken.

212

Een spiritueel iemand hoort te zijn als de
wind. De wind waait zonder voorkeur over
geurige bloemen evenals over vies ruikende
uitwerpselen. Zo ook moet de sadhak zich
niet aangetrokken voelen tot mensen die hem
aardig vinden, noch moet hij kwaadaardig zijn
tegen hen die hem uitschelden. Voor hem is
iedereen gelijk. Hij moet God in alles zien.

213

Fruit dat er aan de buitenkant rijp uitziet, zal snel vergaan. Fruit dat van binnenuit rijpt is niet zo. Daarom is het nodig in zichzelf te keren. We kunnen geluk van binnenuit genieten. We hebben alleen problemen wanneer we voor ons geluk van uiterlijke voorwerpen afhankelijk zijn.

214

Het is niet goed om overdag te slapen: wanneer we wakker worden, voelen we ons uitgeput. Maar wanneer we na een nachtrust, 's morgens opstaan, voelen we ons energiek. Dat komt omdat overdag de atmosfeer vol is van onzuivere gedachtengolven, terwijl de nacht veel minder verontreinigd is. Daarom mediteren sadhaks 's nachts. Het is genoeg om 's nachts vijf uur te mediteren in plaats van tien uur overdag.

215

Beeld je in tijdens het wandelen, zitten of baden, wat je ook doet, dat de geliefde godheid naast je loopt en naar je glimlacht. Kinderen, wat voor grieven je ook mag hebben, kijk naar de natuur en zie de vorm van de geliefde godheid in de bomen, de bergen en in andere voorwerpen en deel je gevoelens met hem. Beeld je ook in dat de geliefde godheid in de lucht staat en roep naar Hem of Haar. Waarom zou je je verdriet aan anderen vertellen?

216

Als we naast iemand staan die praat, dan schept dat gepraat een specifieke aura rondom ons. In slecht gezelschap wordt een negatieve aura gevormd die een toename van onzuivere gedachten veroorzaakt. Daarom is satsang noodzakelijk.

217

Wanneer een beeldhouwer naar een stuk hout of steen kijkt, dan ziet hij alleen het beeld dat hij kan uitsnijden of uithouwen. Anderen zien alleen steen of hout. Op dezelfde wijze moet een zoeker een onderscheid maken tussen wat eeuwig is en wat tijdelijk is en voorzichtig leven. Hij moet alleen aan het eeuwige vasthouden. Het eeuwige is God; wereldlijke zaken zijn niet eeuwig.

218

Kinderen, we worden niet verleid door de naaktheid van een kind. We moeten in staat zijn om naar iedereen met diezelfde houding te kijken. Alles hangt af van de geest.

219

Een sadhak moet in het begin voorzichtig zijn. De meest gunstige tijd voor meditatie is 's morgens voor elf uur en 's avonds na vijf uur. Onmiddellijk na de meditatie moet men tenminste tien minuten in savasana gaan liggen, voordat men opstaat. Zelfs als men slechts een uur mediteert, moet men minimaal een half uur nadien stil zijn. Alleen zij die dit doen zullen ten volle baat vinden bij de meditatie.

220

Nadat het geneesmiddel is ingespoten, kost het enige tijd voordat het zich door het lichaam verspreidt. Hetzelfde geldt voor meditatie. Dus nadat men spirituele oefeningen heeft gedaan, moet men enige tijd in stilte doorbrengen. Als men na twee uur meditatie direct over wereldse zaken begint te praten, zal alles wat gewonnen is verloren gaan. Dan zal zelfs vijf jaar mediteren van geen nut zijn.

221

Als iemand je tijd verspilt door over onnodige zaken te praten, dan moet je of japa doen of contempleren over je geliefde godheid. Stel je voor dat die persoon de geliefde godheid is, of teken een driehoek op de grond en stel je voor dat je geliefde godheid er in staat. Neem kleine steentjes, doe alsof het bloemen zijn en offer ze aan de voeten van je geliefde. Praat alleen over spirituele zaken met anderen. Zij die van spiritualiteit houden, zullen luisteren, terwijl anderen onmiddellijk zullen vertrekken. Zo gaat er geen tijd verloren.

222

Kinderen, alleen al de adem van een sadhak is voldoende om de atmosfeer te zuiveren; zo'n grote kracht heeft het. Hoewel het een tijdje kan duren, zal dit zeker door de wetenschap ontdekt worden. Alleen dan zullen mensen het volledig geloven.

223

Menselijke wezens zijn niet de enige wezens met het vermogen van spraak. Dieren, vogels en planten hebben ook dit vermogen, maar wij hebben niet het vermogen om hen te begrijpen. Iemand die de visie van het Zelf gehad heeft, weet al deze zaken.

Sadhak en gezin

224

Kinderen, als er niemand is om voor de ouders te zorgen, dan heeft de zoon de verantwoordelijkheid om dat te doen, ook al heeft hij het spirituele pad gekozen. Je moet de eigen ouders zien als je eigen zelf en hen als zodanig dienen.

225

Als je ouders een belemmering voor je spirituele leven vormen, dan hoef je ze niet te gehoorzamen.

226

Is het juist een spiritueel leven te volgen, zelfs als dat betekent dat men zijn ouders niet gehoorzaamt? Veronderstel dat een jongen naar een verre plaats moet gaan om geneeskunde te studeren, maar dat de ouders het daar niet mee eens zijn. Als de zoon zijn ouders niet gehoorzaamt en gaat studeren en arts wordt, dan kan hij duizenden mensen redden van de dood, inclusief zijn ouders. Zijn ongehoorzaamheid wordt een zegen voor de wereld. Daar is niets verkeerd aan. Als hij zijn ouders had gehoorzaamd en niet had gestudeerd, dan had hij alleen voor hen kunnen zorgen, maar hen niet kunnen behoeden voor de dood.

Maar iemand echt redden is hem eeuwig van de dood redden, dat betekent hem naar onsterfelijkheid leiden. Het is alleen voor een spirituele zoeker mogelijk om de wereld onbaatzuchtig lief te hebben en anderen werkelijk te redden. Kwamen Shankaracharya en Ramana Maharshi hun moeder niet te hulp en redden ze hen niet voor altijd van de dood door hen moksha (bevrijding) te geven? (Opmerking: Hoewel deze beide grote heiligen allebei hun ouderlijk huis op jonge leeftijd verlieten, kwamen ze uiteindelijk terug voor de

127

redding van hun ouders. Na een scheiding van vele jaren kwam Shankara naar zijn moeder toen ze op sterven lag en zegende haar met de visie van God. En toen de sadhana-dagen van Ramana Maharshi eenmaal over waren, nodigde hij zijn moeder uit om bij hem te blijven. Ze woonde bij haar zoon in Tiruvannamalai tot haar dood. Toen ging ze door zijn genade ook op in God.)

227

Als we eenmaal gekozen hebben om een spiritueel leven te leiden, dan moeten we gehechtheid aan familie en verwanten opgeven. Als we dat niet doen, is het onmogelijk om vooruit te gaan. Hoe hard we ook roeien, als een boot verankerd is zal hij niet vooruitgaan. Als we eenmaal ons leven toegewijd hebben aan God, moeten we er sterk op vertrouwen dat Hij voor onze familie zal zorgen.

228

Kinderen, wie zijn onze echte moeder en vader? Zijn zij degenen die ons lichaam voortgebracht hebben? Nooit. Zij zijn alleen onze pleegouders. De ware moeder en vader zijn diegenen die leven kunnen schenken aan een stervend kind. Alleen God kan dat. Dit moet je je altijd herinneren.

229

Plantjes die in de schaduw van grote bomen groeien, groeien voor enige tijd comfortabel, maar wanneer de boom zijn bladeren verliest, beginnen er slechte tijden voor deze plantjes en spoedig drogen ze uit in de hete zon. De toestand van hen die in de schaduw van hun familie groeien, is net zo.

Voor hen die in de wereld leven

230

Tegenwoordig is ieders liefde en devotie voor God zoals de liefde voor de buren. Wanneer de buren ons niet geven wat we willen, dan krijgen we ruzie met hen. Met God doen we hetzelfde: als hij onze kleine verzoekjes niet inwilligt, dan houden we op met japa en gebeden.

231

Hoeveel moeite doen we niet om een rechtszaak te winnen! Hoe lang staan we niet in de rij, waarbij we vaak trappen, stoten en klappen verdragen enkel om een kaartje voor de bioscoop te bemachtigen. We trotseren deze ongemakken gewillig omwille van wat uiterlijk geluk. Als we dezelfde offers zouden brengen voor het spirituele leven, dan zou dat genoeg zijn om eeuwige gelukzaligheid te genieten.

232

Stel dat een jongetje zich in zijn hand snijdt. Als we hem proberen te troosten en zeggen: "Je bent niet het lichaam of de geest of het intellect," dan zal hij niets begrijpen en zal hij alleen maar huilen. Zo heeft het geen zin om tegen een werelds iemand te vertellen: "Je bent niet het lichaam, je bent Brahman. De wereld is onecht." Misschien kan er een kleine verandering teweeg gebracht worden door hem dit te zeggen, maar we moeten hem echt praktisch advies geven, dat hij in zijn dagelijkse leven kan toepassen.

233

Kinderen, velen van hen die plotseling verrukt zijn van spiritualiteit na het horen van een spirituele lezing, zullen feitelijk niet in staat zijn om een stabiel spiritueel leven te leiden. Hoelang men een veer ook ingedrukt houdt,

hij zal onmiddellijk zijn originele vorm aannemen wanneer de druk wegvalt.

234

Kinderen, tegenwoordig schijnt er niemand
tijd te hebben om naar tempels of ashrams te
gaan of om sadhana te doen. Maar als ons kind
ziek is zijn we bereid om zonder slaap, hoe lang
dan ook, op de veranda van het ziekenhuis te
wachten. En voor een vierkante meter grond
wachten we graag dagenlang in regen en
wind voor het gerechtsgebouw, zonder zelfs
maar aan onze vrouw of dochter te denken.
We hebben tijd om uren in een winkel rond
te hangen, enkel en alleen om een naald van
vijf cent te kopen. Maar we hebben geen tijd
om tot God te bidden. Kinderen, wanneer we
van God houden zal er automatisch tijd zijn
voor sadhana.

235

Wie zegt dat er geen tijd is om japa te doen? Men kan japa lopend doen met een snelheid van een mantra op zoveel stappen. Kan men geen japa doen reizend in een bus door de vorm van de geliefde godheid voor te stellen in de lucht? Of doe anders japa met gesloten ogen. Als men op deze manier japa doet, dan verliest men geen tijd, want de geest raakt niet verstrikt in attracties langs de weg. Het is zelfs mogelijk om japa te doen tijdens het uitvoeren van huishoudelijk werk. Degenen die geïnteresseerd zijn, zullen altijd tijd hebben voor alles.

236

Als mensen niet kunnen slapen, nemen ze slaappillen. Om hun verdriet te vergeten zijn er bedwelmende middelen zoals alcohol en marihuana die overal verkrijgbaar zijn. Er zijn bioscopen. Vanwege deze dingen is niemand deze dagen op zoek naar God. Mensen weten niet dat deze bedwelmende middelen hen vernietigen. Wanneer men deze bedwelmende middelen gebruikt, vermindert het watergehalte van de hersenen. Dan voelt men zich bedwelmd. Door voortdurend gebruik van deze middelen beginnen de zenuwen in het lichaam, als gevolg van uitdroging, samen te trekken. Na een tijdje kan men, lijdend aan beven en vermoeidheid, zelfs niet lopen. Terwijl men zijn vitaliteit en glans verliest, zal men geleidelijk aftakelen. Zijn kinderen zullen op dezelfde manier lijden.

237

Kinderen, het is de geest die airconditioning nodig heeft, niet de kamer. Mensen hebben airconditioning in hun kamer en plegen daar toch zelfmoord. Zouden ze dit doen als luxe hen geluk had gebracht? Echt geluk kan niet verkregen worden door dingen uit de buitenwereld.

238

Wanneer een hond een bot krijgt, begint hij erop te kluiven. Wanneer er dan bloed sijpelt, denkt de hond dat het van het bot afkomt. Maar hij weet niet dat het bloed feitelijk van zijn eigen gewonde tandvlees afkomst. Op deze wijze zoeken we geluk in dingen in de buitenwereld, vergetend dat waar geluk enkel in onszelf ligt.

239

Men maakt geen schutting door de takken van een fruitboom die veel opbrengt, af te hakken. Men gebruikt voor dit doel alleen nutteloze bomen. Als men de waarde van het leven begrijpt, dan zal men het niet verspillen aan zintuiglijke genietingen.

240

Er is geen speciale tijd waarop iemand die in de wereld leeft, zijn spirituele leven van afstand doen moet beginnen. Wanneer hij de drang daartoe voelt, moet hij beginnen. Hij hoeft deze drang niet te creëren; de drang zal vanzelf ontstaan. Wanneer het ei wordt uitgebroed, dan moet het niet opengepikt worden. Het moet vanzelf opengaan. Als iemands vrouw en kinderen comfortabel kunnen leven en als hij de houding van onthechting heeft, dan kan hij een spiritueel leven beginnen. Daarna moet hij niet meer aan zijn gezin denken.

241

Vroeger leerden mensen hun kinderen de waarheid over wat blijvend is en wat tijdelijk is. Ze leerden hun dat het doel van het leven Godsrealisatie is. Kinderen kregen een opvoeding die hen in staat stelde om te weten wie ze waren. Tegenwoordig moedigen ouders hun kinderen alleen aan om geld te verdienen. Het resultaat is dat vaders niet om hun zonen geven en zonen niet om hun vader geven. Er is vijandelijkheid en ruzie tussen hen. Mensen aarzelen zelfs niet anderen te vermoorden uit zelfzuchtige motieven.

242

Kinderen, Godsrealisatie is niet mogelijk zonder sadhana, maar niemand is bereid om ernaar te streven. In fabrieken werken mensen de hele nacht zonder te slapen. Zij zijn niet onachtzaam enkel omdat ze moe zijn. Als ze niet aandachtig zijn dan verliezen ze een hand of een been, en dan verliezen ze ook hun baan. Een sadhak moet ook zo'n alertheid en onthechting hebben.

243

Bij zonsondergang maken kleine kinderen zich zorgen dat de zon verdwenen is. Als de zon in de ochtend opkomt, zijn ze blij met zijn terugkeer. Ze kennen de waarheid niet achter het opkomen en ondergaan van de zon. Op dezelfde manier zijn wij blij en verdrietig bij winst en verlies.

244

We kunnen een man zien in een klein bootje, die eenden door de 'backwaters' leidt. De boot is zo klein dat hij nauwelijks zijn benen kan strekken, en als hij onachtzaam ademhaalt slaat het bootje om. Rechtopstaand en geluid makend door met de roeispaan op het water te slaan, leidt de man de eenden als zij afdwalen. Hij verwijdert elk beetje water in de boot met zijn voet. Hij kletst met mensen op de oever. Af en toe rookt hij. Hoewel hij al deze dingen doet, is zijn geest echter altijd gericht op de boot. Als zijn aandacht ook maar een ogenblik verslapt, zal de boot omkantelen en zal hij in het water vallen. Kinderen, we moeten in de wereld leven op eenzelfde manier. Wat voor werk we ook doen, onze geest moet gericht zijn op God.

245

De volksdanser met een pot op zijn hoofd haalt zoveel gekke toeren uit. Hij danst en rolt over de grond, maar de pot valt nooit. Zijn geest is altijd gericht op de pot. Op dezelfde wijze kun je, door te oefenen, leren om de geest te richten op God, tijdens welke activiteit dan ook.

246

Bid tot God door in afzondering te huilen. Als iemand zijn lichaam verwondt, dan is zijn geest geobsedeerd door de wond. Op dezelfde wijze zijn we besmet met bhavaroga, de ziekte van transmigratie: geboorte, dood en hergeboorte. We moeten sterk verlangen om deze ziekte te genezen, alleen dan zullen onze gebeden oprecht zijn. Het hart moet wegsmelten in liefde voor God.

247

Brahma, Vishnu en Shiva scheppen, voeden en vernietigen respectievelijk verlangens. De mens schept en voedt verlangens, maar vernietigt ze niet. Kinderen wat nodig is, is het vernietigen van verlangens.

248

Zij die in kantoren en bij banken werken gaan met miljoenen roepies om, maar ze weten dat het geld hen niet toebehoort. Ze weten ook dat hun klanten niet hun verwanten zijn en weten dus zeker dat de liefde die ze tonen niet oprecht is en voortkomt uit eigen belang. Daarom blijven ze afstandelijk, wat de klant ook mag zeggen. Wij moeten ook zo leven. Als we begrijpen dat niets en niemand in de wereld van ons is, dan zullen we geen problemen hebben.

249

Door bewustzijn van het doel ontstaat concentratie. Alleen door concentratie gaan we vooruit.

250

Het zaad van de mango is bitter, maar als het op de juiste wijze wordt gekookt kunnen we er vele gerechten van maken. Hiervoor is inspanning nodig. De Srimad Bhagavatam (het heilige boek over het leven en leringen van Sri Krishna) is voor zoekers. Als we het aandachtig lezen kunnen we er alle spirituele principes in terugvinden. Maar voor hen die geen onderzoekende geest hebben, is het alleen een verhaal. Het voorlezen van de Bhagavatam om er geld mee te verdienen is niet juist. Maar als een gezinshoofd de touwtjes niet aan elkaar kan knopen, dan is het voorlezen van dit boek voor geld niet verkeerd.

251

Om ergens comfortabel te leven moet je het gebied schoonmaken, het vuil verbranden, enzovoorts Alleen in een schone omgeving ben je in staat om japa te doen en te mediteren. Anders zal het stinkende afval je onrustig maken. De homa's en yagya's worden uitgevoerd om de atmosfeer te zuiveren. Het is niet zo dat God homa's en yagya's nodig heeft.

252

In de naam van de politiek aarzelen mensen niet om moorden te begaan of geweldige geldbedragen uit te geven. Miljoenen roepies werden uitgegeven voor een handvol stenen van de maan, maar er is geen geld om homa's en yagya's uit te voeren. Het niet uitvoeren van deze heilige offers kan geaccepteerd worden, maar ze te veroordelen zonder hun nut te begrijpen is belachelijk. Dat is onwetendheid.

253

Kinderen, men kan zowel een werelds als een spiritueel leven leiden naast elkaar. Maar wat we ook doen, het moet mogelijk zijn om te handelen zonder gehechtheid en verwachting. Verdriet is het resultaat wanneer we denken: "Ik heb dit gedaan, daarom moet ik dat als beloning krijgen." We moeten nooit denken dat onze vrouw of ons kind 'van ons' is. Als we denken dat alles van God is, dan is er geen gehechtheid. Wanneer we sterven zullen onze vrouw en ons kind ons niet vergezellen. God is de enige waarheid.

254

Hoeveel rijkdom we ook hebben, alleen verdriet zal het resultaat zijn als we de waarde en het nut ervan niet goed begrijpen. Zelfs als we onbeperkte rijkdom hebben, is het genot dat we daarvan hebben alleen tijdelijk. Het kan geen eeuwig geluk geven. Bezaten koningen zoals Kamsa en Hiranyakasipu geen enorme rijkdommen? Hoewel Ravana alles bezat, welke geestesrust had hij? Zij verlieten allen het pad van de waarheid en leefden arrogant. Zij deden zoveel verboden dingen. Het gevolg was dat zij alle rust en vrede verloren.

255

Amma zegt niet dat men zijn rijkdom moet opgeven. Als we begrijpen hoe op de juiste manier rijkdom te gebruiken, zullen geluk en vrede onze rijkdom zijn. Kinderen, voor hen die volledig toegewijd zijn aan God is rijkdom zoals rijst waarin zand gevallen is.

Vrij van verdriet

256

Het resultaat van elke handeling kan teniet-gedaan worden door een andere handeling. Als een steen omhoog wordt gegooid, kan hij dan niet worden opgevangen voordat hij op de grond valt? Op dezelfde wijze kan het resultaat van elke handeling tijdens het proces worden gewijzigd. Het is niet nodig om te treuren en te tobben over het lot. Iemands lot kan wor-den gewijzigd door Gods besluit. Men kan een grote waarschijnlijkheid van een huwelijk in zijn horoscoop hebben, maar als men van jongs af sadhana beoefent en satsang onder-houdt, zal het vooruitzicht wijzigen. Zelfs in de heldendichten zijn hier voorbeelden van.

257

Iemand die over een rivier reist, maakt zich niet druk over de oorsprong ervan. In het verleden kunnen we vele fouten hebben begaan. Het heeft geen nut om daar nu over te piekeren. Probeer de toekomst te vormen; dat is wat nodig is.

258

Hoe erg een aardappel ook verrot is, als er zelfs maar een klein stukje ongeschonden is, zal daaruit een scheut groeien. Zo ook, als we ook maar een spoortje van spirituele samskara in ons hebben, kunnen we groeien door ons daar aan vast te houden. Denk nooit: "Ik ben een zondaar. Ik ben tot niets in staat."

259

Steeds hebben we gedacht dat het lichaam echt is. Dit heeft verdriet veroorzaakt. Laten we nu op de omgekeerde manier denken. De Atman (Zelf of ziel) is echt en eeuwig en het is de Atman die we moeten realiseren. Als deze gedachte stevig in ons is verankerd, zal

ons verdriet verdwijnen en zal er alleen gelukzaligheid zijn.

260

Als iemand een zware last draagt, zal alleen
al de gedachte dat er een rustplaats dichtbij is,
waar hij zijn vracht kan neerzetten, hem op
zijn gemak stellen. Als hij echter denkt dat de
rustplaats ver weg is, wordt de last zwaarder.
Op dezelfde wijze worden al onze lasten lichter
wanneer we denken dat God bij ons is. Waarom zouden we onze bagage nog dragen, als we
eenmaal in een bus of een boot geklommen
zijn? Zet het neer! Draag alles op dezelfde
wijze op aan God. Hij zal je beschermen.

261

Waar we ook gaan, we vinden fouten en gebreken bij anderen. Onze geest wordt hierdoor
onrustig. Deze gewoonte moeten we veranderen. We moeten de tekortkomingen van
anderen vergeten en de goede eigenschappen

in hen vinden en hen respecteren. Dit is wat nodig is. Zie altijd alleen het goede overal en in alles. Dan zal al je verdriet eindigen.

262

Stel dat we in een gat vallen. Steken we dan onze ogen uit omdat ze ons niet goed geleid hebben? Net zoals we de gebreken van onze eigen ogen voor lief nemen, moeten we vriendelijk zijn tegen anderen en altijd hun tekortkomingen verdragen.

Vasana's

263

Als er ook maar één mier in de suiker is, moet men die verwijderen. Als die ene blijft zullen er meer mieren volgen. Op dezelfde wijze is een klein spoortje zelfzucht voldoende om de weg te banen voor andere vasana's.

264

Het afbreken van vasana's en het vernietigen van de geest is allebei hetzelfde. Dat is bevrijding.

265

De eerste vasana in een jiva komt van God af en hieruit komt karma voort. Uit karma komen opeenvolgende geboorten voort. Het wiel van geboorte en dood blijft zo draaien. Alleen door het afbreken van vasana's kan men hieraan ontsnappen. Spirituele activiteiten zoals satsang, bhajan, dhyana, enz. helpen bij het afbreken van vasana's.

266

Vasana's zullen blijven bestaan tot we jivanmukti bereiken. De vasana's zullen pas volledig worden geëlimineerd in de toestand van jivanmukti. Totdat we die toestand hebben bereikt, moeten we met de grootst mogelijke nauwlettendheid te werk gaan, want tot dan kunnen we ieder moment terugvallen. Zij die met een voertuig op drukke wegen rijden moeten heel voorzichtig zijn. Als hun ogen maar voor een moment worden afgeleid, zal er een ongeluk gebeuren. Als men over een open terrein rijdt valt er niets te vrezen, want dan zijn er alleen de bestuurder en het voertuig. In het begin van een spiritueel leven is alles gevaarlijk en moeten we uiterst voorzichtig zijn. In de toestand van jivanmukti blijft alleen het zuivere Zelf over. Daar is geen dualiteit en dus is er ook geen gevaar.

267

De vasana's van een jivanmukta zijn geen vasana's in de ware zin van het woord. Hun woede bijvoorbeeld is alleen maar een uitwendige vertoning. Zij zijn van binnen zeer zuiver. Ongebluste kalk (calciumcarbonaat) lijkt een vorm te hebben, maar als we het aanraken verkruimelt het.

268

Kinderen, alleen de Guru kan onze vasana's volledig verwijderen. Of anders moet men vanaf de geboorte een krachtige spirituele samskara hebben. De jakhals kan denken: "Ik zal niet meer huilen wanneer ik een hond zie", maar op het moment dat hij een hond ziet, begint hij zoals gewoonlijk te huilen. Dit is hetzelfde met de vasana's.

269

Het is niet gemakkelijk om de stroom van gedachten te elimineren. Dit is een gevorderd stadium. Door toename van zuivere gedachten kunnen onzuivere gedachten worden vernietigd.

270

Als we een vat met zout water hebben en we voegen er steeds maar weer zuiver water aan toe, dan zal het zoute water geleidelijk zijn zoutheid verliezen. Op dezelfde wijze kunnen slechte vasana's geleidelijk aan worden verwijderd door goede gedachten.

Siddhi's

271

Kinderen, het overdreven tentoonspreiden van siddhi's, druist tegen de natuur in. Wanneer siddhi's vertoond worden, worden mensen daardoor aangetrokken. Een gerealiseerde ziel vermijdt zoveel mogelijk het vertonen van siddhi's. Zelfs wanneer hij bepaalde siddhi's vertoont, verliest hij daardoor geen energie. Als de kracht die nodig is voor het tot stand brengen van een siddhi, gebruikt wordt om een man in een sannyasi te veranderen, dan zal de hele wereld hiervan profiteren. Als een zoeker gefascineerd raakt door siddhi's, zal hij van zijn doel afdwalen.

272

Gerealiseerde zielen vertonen over het algemeen geen siddhi's. Als ze die al tonen, dan is het zelden. Hun siddhi's komen in bepaalde omstandigheden spontaan op en zijn niet bedoeld voor het vermaak van toeschouwers. Loop niet achter siddhi's aan, ze zijn tijdelijk. Avatars komen om verlangens te verwijderen, niet om ze te scheppen.

Samadhi

273

Kinderen, sahaja samadhi is volmaaktheid. Iemand die in deze staat gevestigd is, ziet in alles het goddelijke principe. Overal ziet hij enkel zuiver bewustzijn, vrij van de kleur van Maya. Net zoals een beeldhouwer in een steen alleen het beeld dat eruit gehakt kan worden ziet, zo zien grote zielen in alles alleen de allesdoordringende goddelijkheid.

274

Stel je voor dat er een rubberen bal en een ring in ons aanwezig is. De bal, die voortdurend op en neer stuit, is onze geest, en de ring is ons doel. Soms komt de bal in de ring terecht en blijft hij stil. Dit noemt men samadhi. Maar de bal ligt daar niet voor altijd, hij begint weer op en neer te stuiten zoals voorheen. Uiteindelijk wordt een staat bereikt waarin

de bal permanent in de ring rust, zonder ver-
dere beweging. Deze toestand wordt sahaja
samadhi genoemd.

275

Door op een vorm te mediteren kan savikalpa samadhi worden bereikt. Wanneer men
de vorm van de geliefde godheid ziet, blijft
de houding van 'Ik' , en dus is er dualiteit.
In vormloze meditatie wordt, omdat er geen
spoor van 'Ik-zijn' aanwezig is, de houding
van dualiteit volledig vernietigd. Nirvikalpa
samadhi wordt op die manier bereikt.

276

In de staat van nirvikalpa samadhi is er geen
entiteit om te zeggen "Ik ben Brahman."
Men is opgegaan in 'Dat'. Als een gewoon
iemand nirvikalpa samadhi bereikt, laat hij zijn
lichaam los. Wanneer hij opgaat in samadhi,
verlaat hij zijn lichaam meteen omdat hij niet
aan de toekomst denkt. Als men een fles prik

opendoet, dan komt het gas met een luide knal vrij en wordt het één met de omringende lucht. Op dezelfde manier wordt hij voor altijd één met Brahman. Alleen Avatars kunnen hun lichaam intact houden, nadat ze nirvikalpa samadhi bereikt hebben. Omdat ze het doel van hun incarnatie kennen en bij hun besluit blijven, dalen ze steeds weer naar de wereld af.

277

Kinderen, voor Avatars zijn er geen verschillen zoals nirvikalpa samadhi of de staat erboven of eronder. Avatars hebben slechts een paar beperkingen die ze zichzelf hebben opgelegd om het doel waarvoor ze zich geïncarneerd hebben, te bereiken.

278

Zelfs nadat een sadhak door sadhana nirvikalpa samadhi bereikt heeft, is hij niet gelijk aan een Avatar. Het verschil tussen beiden kan vergeleken worden met dat van iemand die

Bombay bezocht heeft en iemand die daar permanent woont. Als men hen vraagt of ze ooit in Bombay geweest zijn zullen ze beiden "ja" zeggen, maar degene die daar verblijft heeft een grondige kennis van alle plaatsen daar.

279

Hoe zal samadhi zijn? Gelukzaligheid. Geen geluk, geen verdriet. Er is geen 'ik' en 'jij'. Deze toestand kan vergeleken worden met diepe slaap, maar er is één groot verschil: in samadhi is men bij vol bewustzijn. Enkel wanneer we wakker worden ontstaan 'jij', 'ik' en de wereld. We kennen realiteit aan deze dingen toe door onze onwetendheid.

280

Het is niet mogelijk de ervaring van Brahman te beschrijven. Als Amma je slaat, kun je dan uitleggen hoeveel pijn je voelt? Op dezelfde wijze is het niet mogelijk om Brahman in woorden uit te drukken.

De schepping

281

Kinderen, dankzij het Oorspronkelijk Besluit ontstond er trilling in Brahman. Uit die trilling ontstonden de drie guna's: sattva, rajas en tamas. Deze drie worden voorgesteld als de drie-eenheid Brahma, Vishnu en Shiva. Dit alles bevindt zich in onszelf. Wat we in het universum waarnemen bestaat in werkelijkheid in onszelf.

282

Op het relatieve niveau is Atman zowel jivatma als Paramatma. De jivatma is de genieter van de vruchten van handelen (karma). De Paramatma is het bewustzijn dat getuige is. Het is zonder activiteit, het doet niets.

283

Alleen wanneer er Maya is, is er God. Wanneer we Maya transcenderen door voortdurende spirituele oefening, zullen we de toestand van Brahman bereiken. Zelfs geen spoor van Maya bestaat in Brahman.

284

Kinderen, mithya betekent niet 'niet bestaand', het betekent 'altijd veranderend'. Er is bijvoorbeeld eerst hele tarwe, dan tarwemeel en uiteindelijk brood. De vorm verandert, maar de grondstof houdt niet op te bestaan.

285

Ook al is de kust nog zo vuil, genieten we niet van de schoonheid van de zee? De geest staat niet stil bij het afval. Op dezelfde wijze geraakt de geest niet verstrikt in Maya wanneer hij op God gericht is.

286

We kunnen een naald onbelangrijk vinden omdat hij goedkoop is. Maar de waarde van een ding wordt niet bepaald door de prijs, maar door het nut. Amma vindt een naald niet iets onbeduidends. We moeten bij elk voorwerp, wat het ook moge zijn, letten op het nut, niet op de prijs. Als we op deze manier naar dingen kijken, is niets mithya.

287

Er is een groep mensen, die beweert dat de schepping nooit heeft plaatsgehad. Tijdens de slaap weten we niets. Dan is er geen vandaag of morgen, niemand, geen ik , jij, vrouw, zoon, lichaam, enzovoorts Dit is een voorbeeld om aan te tonen dat Brahman nog steeds als Brahman Zelf bestaat. Men kan vragen: "Is er geen entiteit die geniet van de slaap en die na het wakker worden zegt: 'Ik heb goed geslapen.'?" We zeggen dat we goed geslapen hebben, alleen maar op grond van de voldoening en het welbevinden dat het lichaam van slaap verkrijgt, niet omdat er enig gevoel van 'ik' aanwezig is tijdens de slaap. De gedachte van 'ik' en 'mijn' is de bron van al onze problemen.

Rationalisme

288

Kinderen, is het redelijk om te beweren dat plaatsen waar erediensten worden gehouden, niet nodig zijn vanwege de ruzies die gemaakt worden door een paar religieuze fanatici? Zouden deze mensen beweren dat doktoren en ziekenhuizen afgeschaft moeten worden omwille van de fouten van enkele artsen? Natuurlijk niet. Het zijn de religieuze conflicten die moeten worden geëlimineerd, niet de tempels van God.

289

Vroeger hielden de rationalisten van de mensen, maar hoe zit het met de huidige rationalisten? Zich voordoend als rationalist om hun ego op te blazen, bezorgen ze anderen alleen moeilijkheden. De echte rationalist is diegene die bij zijn dierbare overtuiging blijft en die van anderen houdt, zelfs ten koste van zijn eigen leven. God knielt voor hem neer. Hoeveel van zulke mensen zijn er vandaag de dag?

290

Als iemand die in God gelooft devotie en eerbied ontwikkelt, dan zullen ook kwaliteiten als liefde, waarheid, rechtvaardigheid, mededogen en rechtschapenheid in hem groeien. Zij die met hem omgaan, vinden troost en vrede. Dit is de zegen die de wereld ontvangt van iemand die in God gelooft. De rationalisten van vandaag daarentegen houden zich , zonder de schriften of iets anders behoorlijk bestudeerd te hebben, vast aan twee of drie woorden uit één of ander boek en veroorzaken daardoor problemen. Daarom zegt Amma dat het rationalisme van vandaag slechts de weg opent voor de ondergang van de samenleving.

Diverse uitspraken

291

Kinderen, de natuur is een boek om te bestuderen. Elk voorwerp in de natuur is een bladzijde uit dat boek.

292

De daden van de mens bepalen de genade van de natuur.

293

Sadhaks gebruiken de energie van de natuur voor meditatie, voor voeding en voor vele andere doeleinden. Tenminste tien procent van de energie en hulpbronnen die we uit de natuur halen, moeten we gebruiken om anderen te helpen. Als niets wat een sadhak doet voor anderen is, wat voor zin heeft zijn leven dan?

294

Kinderen, vandaag worden we overspoeld met mensen die spirituele lezingen geven. Deze lezingen leveren echter geen duidelijk voordeel op. Als de tijd die besteed wordt aan het voorbereiden van deze lezingen, besteed zou worden aan meditatie, dan zou dat veel nuttiger zijn. Om mensen te inspireren hoeft iemand die echte spirituele ervaring heeft opgedaan zijn keel niet af te matten door het geven van lezingen. Enkel door zijn blik zullen duizenden mensen het juiste pad kiezen. We kunnen niet in een schone spiegel kijken wanneer de zon erin weerkaatst wordt, want onze ogen worden door de schittering verblind. Op dezelfde wijze kan men niets tegen een echte sadhak inbrengen, wanneer men oog in oog met hem staat; men kan alleen zijn woorden gehoorzamen. Zo sterk is de kracht die verkregen wordt door sadhana.

295

Kinderen, we moeten geen hekel hebben aan hen die immorele daden verrichten. Onze afkeer moet zich richten tegen hun daden, niet tegen henzelf.

296

Water stagneert in putten en vijvers, bacillen en insekten planten zich daar voort en besmetten vele mensen met ziekten. De remedie hiervoor is het water in de oceaan te laten stromen. Vandaag de dag leeft de mens met zoveel ego. Zijn onzuivere gedachten veroorzaken bij zoveel mensen leed. Ons doel is om zijn bekrompen geest te verbreden en hem te leiden naar de hoogste waarheid. Hiervoor moet ieder van ons bereid zijn offers te brengen. Alleen met de kracht die verkregen is door sadhana, kunnen we hen leiden.

297

Kinderen, eet om te leven, slaap om wakker te worden.

298

We zijn uit God voortgekomen. Een vaag bewustzijn hiervan is in ons aanwezig. Dit bewustzijn zou vol en volledig moeten worden.

299

Overal om ons heen zijn er veel mensen die zonder een huis, kleding, voedsel en medische zorg proberen te overleven. Met het geld dat iemand in een jaar aan sigaretten uitgeeft kan een klein huis voor een arme man worden gebouwd. Wanneer we mededogen ontwikkelen voor de armen zal onze zelfzucht verdwijnen. We hoeven niets op te geven integendeel: we zullen voldoening vinden in het geluk van anderen. Als we vrij zijn van zelfzucht, kunnen we God's genade ontvangen.

300

Kinderen, alleen iemand die gestudeerd heeft, kan onderwijzen. Alleen iemand die heeft, kan geven. Alleen iemand die volledig vrij is van verdriet ,kan anderen volledig van verdriet bevrijden.

301

Elke plaats heeft een hartcentrum. Daar ligt de volledige energie opgeslagen. India is het hart van de wereld. De Sanatana Dharma die hier ontsprong is de bron van alle andere paden. Wanneer we het woord 'Bharatam' (India) horen, voelen we de polsslag van vrede en schittering. Dit komt omdat India het land van de wijzen is. Zij zijn het die de levenskracht niet alleen naar India, maar naar de hele wereld uitzenden.

Vragen over God

Vraag: Amma, waarom is het noodzakelijk om God te aanbidden met een vorm terwijl Hij in werkelijkheid zonder vorm is?

Amma: Kinderen, om tot rust te komen hebben we de gewoonte om ons verdriet te delen met onze vrienden, terwijl we het met een universeel wezen moeten delen. Dit is het doel achter het aanbidden van God met een vorm.

Shiva en Parvati zaten eens samen toen Shiva plotseling opstond en wegrende. Maar in een paar minuten was hij terug aan Parvati's zijde. "Waarom keerde je zo snel terug?" vroeg ze. "Een van mijn toegewijden vertelde zijn verdriet gewoonlijk alleen aan mij", begon Shiva. "Wat het ook was, hij deelde zijn verdriet nooit met iemand anders. Toen hij vandaag op weg was naar huis, zagen sommige mensen hem aan voor een dief en sloegen hem in elkaar. Toen ik dat zag, schoot ik hem te hulp. Maar op mijn weg erheen zag ik dat hij met een andere man praatte. 'Ze sloegen me zonder reden in elkaar,' zei hij, 'je zou me moeten helpen om wraak te nemen.' Omdat mijn hulp niet nodig was, keerde ik terug."

Vermeerder je verdriet niet door het met anderen te delen. Vertel je problemen aan God, probeer ze op die manier op te lossen. Als we ons verdriet alleen met God delen, zullen we eeuwige vrede verwerven.

Een gewone man kan niet zo gemakkelijk liefde ontwikkelen voor het vormloze aspect van God als voor God met een vorm. Het volgen van het pad van kennis zonder toewijding is als het eten van stenen. De vormloze en almachtige God kan gemakkelijk een vorm aannemen terwille van Zijn toegewijden. Als iemand volledig geloof en vertrouwen heeft in de vorm van zijn geliefde Godheid, dan kan hij gemakkelijk zijn doel bereiken. Toch moeten we God aanbidden met het begrip dat alle vormen in feite verschillende aspecten van

171

dezelfde God zijn; en we moeten weten dat diezelfde God ons eigen ware Zelf is.

Vraag: Als God één en ondeelbaar is, waarom zouden we dan Shiva, Vishnu en andere vergelijkbare goden aanbidden?

Amma: Dezelfde acteur kan vele rollen spelen. Alhoewel de karakters die hij uitbeeldt, zijn kleding en manieren kunnen verschillen, blijft de acteur dezelfde. God is net zo. De waarheid is één, de namen en vormen zijn verschillend.

De mensen verschillen in aard en karakter. Daarom hebben de rishi's, om ons te helpen God te realiseren, de verschillende vormen van God naar voren gebracht. Ze stonden ons toe om een goddelijke naam en vorm te kiezen, die onze speciale geestelijke constitutie aanspreekt. Het is niet zo dat er verschillende goden zijn. De wijzen hebben de ondeelbare God op verschillende manieren in verschillende tijden afgeschilderd, overeenkomstig de smaak en het temperament van de mensen.

Vraag: Als God één is, waarom is er dan behoefte aan afzonderlijke plaatsen van verering voor elke godsdienst?

Amma: Verandert een voorwerp enkel omdat het bekend is onder verschillende namen? Water heet 'vellom' in het Malayalam en 'pani' in het Hindi, maar smaken 'pani' en 'vellam' niet hetzelfde en zien ze er niet hetzelfde uit? Is er enig verschil tussen de elektrische stroom die door de koelkast, de lamp of de ventilator gaat? Nee. Alleen het voorwerp verschilt. Christenen noemen God 'Christus' en moslims verwijzen naar Hem als 'Allah'. Iedereen begrijpt en vereert God overeenkomstig zijn eigen culturele en religieuze tradities.

Vraag: Amma, er wordt veel geld aan God geofferd in de naam van puja en verering. Waarvoor heeft God geld nodig?

Amma: God heeft niets van ons nodig. Een elektrische lamp heeft geen behoefte aan hulp van een petroleumlantaarn. God is als de zon. Hij verspreidt gelijkmatig licht over alle dingen in de wereld. Toch is het aan deze alles verlichtende God dat we een lamp en olie offeren. Dit gebeurt uit onwetendheid. Het is zoals het omhoog houden van een brandende kaars naar de zon en zeggen: "O Zonnegod, hier is licht voor u, zodat u uw pad duidelijk kunt zien en begaan." De offers die we in de tempels aanbieden zijn feitelijk voor ons welzijn. God is de gever van alles. Hij hoeft of wil niets van ons.

Vragen over tempels

Vraag: Waar dienen tempels voor? Moet niet de beeldhouwer die het mooie beeld heeft gemaakt worden vereerd?

Amma: Net zoals wij ons onze vader herinneren, wanneer we zijn portret zien, zo worden we herinnerd aan God, de schepper van de wereld, wanneer we een afbeelding van hem zien. Wanneer een toegewijde aan Krishna het beeld van zijn Heer ziet, dan denkt hij aan de echte Heer Krishna, niet alleen maar aan een stenen beeld. Tempels en beelden zijn noodzakelijk voor diegenen onder ons die in onwetendheid zijn ondergedompeld.

Vraag: Zijn tempels nodig om zich God te herinneren?

Amma: Als kinderen klein zijn bestuderen ze dingen door naar afbeeldingen in boeken te kijken. Deze afbeeldingen helpen hen bij het leren. Zo krijgt het kind bijvoorbeeld een idee van wat een kameel of een hagedis is door het zien van de afbeeldingen. Als hij ouder wordt leert het kind begrijpen dat de kameel die hij in het boek ziet alleen maar een afbeelding is, maar als hij jong is helpen deze afbeeldingen bij het ontwikkelen van zijn intellect. Op dezelfde manier zijn tempels voor een beginner noodzakelijk om hem te helpen zich God te herinneren.

Vraag: Er wordt gezegd dat als men ophoudt met de regelmatige puja's die in de tempels verricht worden, er dan ongunstige gevolgen zullen komen. Is dit waar?

Amma: Als gevolg van de sankalpa van de mens neemt de kracht van de tempelgoden toe. Als de puja niet meer wordt uitgevoerd, neemt die kracht af. De kracht van de devata hangt af van de bhavana (instelling) van degene die hem installeert. Stop niet met de dagelijkse eredienst in de tempels of voor de familiegodheid. Dat moet iedere dag gedaan worden. Als deze rituelen niet meer worden uitgevoerd, kan er groot onheil komen.

Stel dat we een kraai tien dagen lang eten geven. Als we hem op de elfde dag niet voeden, zal hij ons krijsend achtervolgen. We zullen niet in staat zijn ons werk aandachtig te doen. Zo ook als we ophouden met de dagelijkse aanbidding van de devata's, zullen ze ons altijd in hun subtiele vormen lastig vallen. Dit zal mensen met een zwakke geest sterk beïnvloeden. Maar een sadhak laat zich niet van de wijs brengen.

Het bouwen van een boot is niet voldoende. We moeten ook leren roeien. Als we in een boot stappen zonder dat we weten hoe we moeten roeien, dan zal de boot doelloos ronddobberen. Kunnen we hiervan de boot de schuld geven? Het is om dezelfde reden niet voldoende om tempels te bouwen. We moeten er ook goed voor zorgen. Er moet dagelijkse aanbidding plaatsvinden. Als dat niet gedaan wordt, dan zal er mogelijk onheil uit voortkomen. Het is zinloos om de tempels de schuld geven. De verantwoordelijkheid ligt bij ons.

Vraag: Zijn devata's (tempelgodheden) en Isvara (God) verschillend?

Amma: Devata's worden geschapen en geïnstalleerd door de sankalpa van de mens. De sankalpa van de mens heeft beperkingen, en zijn creaties weerspiegelen dit. God aan de andere kant is almachtig. Zijn kracht neemt niet toe en neemt niet af. Die is eeuwig. Het verschil tussen de devata's en Isvara is als het verschil tussen dieren en mensen. Ook al is alles uiteindelijk een en hetzelfde, toch heeft een hond niet het onderscheidingsvermogen van de mens. Een hond houdt alleen van hen die van hem houden, hij zal anderen mogelijk bijten.

Vraag: Als devata's verschillend zijn van God,
zullen tempels dan niet schadelijk worden voor
menselijke wezens?

Amma: Nooit. Dit is alleen van toepassing
op tempels waar de devata's worden vereerd.
Maar we moeten enigszins voorzichtig zijn. De
installatie van devata's wordt vaak uitgevoerd
door priesters die niet in staat zijn hun eigen
prana te beheersen. Houd nooit op met de
dagelijkse aanbidding in deze tempels. Heb je
vissen in een aquarium zien leven? Het water
moet elke dag ververst worden, anders is het
schadelijk voor het bestaan van de vissen. Als
de dagelijkse puja op de juiste wijze wordt
uitgevoerd, dan zal dit resulteren in materiële
welvaart. De grootsheid van tempels waar
Mahatma's de beelden hebben geïnstalleerd,
is uniek. Zij doen de installatie met de sankalpa van Akhanda Satchitananda waardoor
ze goddelijke kracht aan de beelden geven.
Deze tempels en hun beelden zullen vol zijn

van deze goddelijkheid, kracht en schittering.
Zij zijn niet als vissen die in aquariums leven,
maar als vissen die in de rivier leven. In deze
tempels zal de dagelijkse puja nooit ophouden.
Zelfs als men ophoudt met de puja, is er nog
geen verlies van kracht. Deze tempels zullen
centra met een grote aantrekkingskracht zijn
en zullen voor altijd gunstige eigenschappen
bezitten. De tempels van Tirupathi, Guru-
vayur en Chottanikara zijn hier voorbeelden
van.

Vraag: Waarom werden in tempels mensenoffers gebracht?
Amma: De onwetendheid van de mensen in
vroeger tijden zette hen aan om dat te doen.
Zij geloofden dat mensenoffers God zouden
behagen. Doordat zij de woorden van de
geschriften verkeerd begrepen, voerden zij
deze offers uit. Kijk naar onze wereld van
vandaag. In naam van de politiek is er zoveel

bloedvergieten. Gruweldaden zoals het vermoorden van een man die van politieke partij
verandert, doodschieten en doodsteken zijn
aan de orde van de dag. Keurt enig partijre-
glement of ideologie doodslag of dergelijke
gruweldaden goed? Het manifest en de toe-
spraken van een partij kunnen zeer goed zijn,
maar wat in praktijk gebracht wordt, is totaal
anders. Op dezelfde wijze waren er in die tijd
gekken die uit blinde toewijding en overtuiging deze daden verrichtten.

Vraag: Zondigen mensen die onjuist handelen?
Amma: Als ze voor een universeel doel handelen, is er geen sprake van zonde, maar als
ze voor een zelfzuchtig doel handelen, dan
zondigen ze. Er waren eens twee brahmanen
in een dorp. Beiden kregen last van dezelfde
ziekte. Toen ze een arts raadpleegden, zei hij
hun dat ze zouden genezen als ze vis aten.
Omdat beiden streng vegetarisch waren, waren

ze ten einde raad. De eerste man kwam tege-
moet aan de wens van zijn vrouw en kinderen
en at vis en genas. De tweede man was bang
om te zondigen, weigerde vis te eten en als
gevolg daarvan stierf hij. Zijn gezin had geen
vader meer en stond bloot aan vele problemen.

De eerste man, die de betrekkelijk onbe-
langrijke vis opat, beschermde zijn gehele
gezin. Dit is geen wreedheid. De tweede
man weigerde vis te eten en stierf, en liet zijn
gehele gezin lijden. Een gezin is van veel meer
betekenis dan een of twee vissen. Hakken we
geen bomen om om een huis te bouwen? Dat
is niet zelfzuchtig. We zondigen wanneer we
handelen uit wraak, geleid door voorkeur en
afkeer, enzovoorts.

Vraag: Amma, waarom verliezen tempels hun
heiligheid?
Amma: Onder het mom van festivals zame-
len mensen geld in en voeren wereldse

programma's uit in tempels. Dit maakt de omgeving van tempels onzuiver. In plaats van toewijding en goede gedachten in mensen te ontwikkelen, creëren deze programma's ordinaire gedachten en passies. Wat voor onzin gebeurt er in naam van God! Tijdens het inzamelen van geld voor festivals worden mensen dronken en raken verwikkeld in vechtpartijen. In de omgeving van de tempel worden drama's, dansuitvoeringen en dergelijke opgevoerd, die wereldse gedachten oproepen in het publiek. Ook jonge kinderen worden hierdoor beïnvloed. Op jonge leeftijd, wanneer goede gedachten zouden moeten worden ontwikkeld, zorgen deze programma's ervoor dat ze van het juiste pad afdwalen. Deze gedachtengolven maken de tempelatmosfeer onheilig.

Kinderen, wij vernietigen alleen onzelf. Allereerst moeten we goed worden. We moeten erop toezien dat de tempels zuiver worden gehouden. Alleen kunstuitingen van goddelijke aard, die toewijding en geloof doen groeien, mogen worden toegelaten in de tempels. De dagelijkse puja moet op de juiste wijze worden uitgevoerd. Als we de omgeving van de tempel onzuiver maken, dan heeft het geen zin om de devata's te beschuldigen. In vroegere tijden werden meditatie, yogasana's, e.d. beoefend in de tempels. Het lezen van de Purana's vond regelmatig plaats. Alleen verhalen over God werden tijdens festivals als drama opgevoerd.

Het geld dat voor festivals wordt ingezameld bij het publiek, kan worden aangewend voor humanitaire doelen. Er zijn zoveel mensen in onze dorpen die proberen te overleven zonder een huis. We kunnen huizen voor hen bouwen. We kunnen kleding en voedsel als liefdadigheid aan de armen geven. We kunnen diegenen helpen die niet in staat zijn de kosten van een huwelijksceremonie te dragen. Religieuze boeken kunnen gedrukt en gratis

184

verspreid en gebruikt worden bij het onderwijzen van kinderen. Weeshuizen kunnen worden
gebouwd. Deze kinderen kunnen opgroeien
met goede cultuur en met karakter. Als we
dit doen, zullen er in de toekomst geen wezen
meer zijn. Dit alles zal bijdragen tot het scheppen van eenheid onder de mensen.

Kinderen, kijk naar de christenen en de
moslims en naar alle goede dingen die zij doen.
Zij bouwen weeshuizen en scholen, geven
wezen godsdienst-onderricht en zorgen voor
wat ze nodig hebben. Heb je ooit een kerk
in een vervallen staat gezien? Nee. Maar kijk
naar de slechte toestand van de Hindoestaanse
tempels. Zoveel tempels worden verwaarloosd
en niet meer bezocht. De Devaswom Board
(regeringsinstantie die zich bezig houdt met
het onderhoud van tempels) neemt het bestuur
van grote tempels over, omdat er geld mee te
verdienen is, terwijl ze kleine tempels aan hun
lot overlaat.

We moeten speciale zorg besteden aan het renoveren van tempels en aan het uitvoeren van goddelijke kunsten tijdens het festivalseizoen. We moeten zelf op de juiste wijze zorgdragen voor tempels. Hun heiligheid moet in stand worden gehouden, anders zal onze cultuur degenereren.

Vraag: Is het mogelijk om bevrijding te bereiken door verering in een tempel?

Amma: Het is mogelijk, maar dan moet men vereren met het begrip van de innerlijke betekenis van de tempels. God verblijft in tempels, maar denk niet dat Hij beperkt is door de vier muren van de tempel. Heb de sterke overtuiging dat God alomtegenwoordig is. Een bus zal ons naar de bushalte dichtbij ons huis brengen, van waaruit we gemakkelijk de rest kunnen lopen. Op dezelfde wijze zal juiste aanbidding in een tempel ons naar de drempel van Satchitananda leiden. Vandaar is het nog slechts een kleine afstand voordat we perfectie bereiken. Je kunt geboren worden in een tempel, maar sterf er niet. Dat wil zeggen een zoeker kan in het begin God aanbidden in een tempel. Het is een opstap, maar het uiteindelijke en echte doel ligt voorbij dit alles.

Vragen over de mantra

Vraag: Hebben woorden de kracht om iemands karakter te veranderen?

Amma: Vast en zeker. Er was eens een brahmaan die zijn studenten in een tempel onderwees over spirituele zaken, toen de koning van het land arriveerde. De brahmaan, die helemaal opging in zijn lesgeven, was zich van de komst van de koning niet bewust. De koning werd boos en berispte de brahmaan omdat hij hem niet had opgemerkt. De brahmaan verklaarde dat hij zich niet bewust was geweest van de aankomst van de koning, omdat hij intens aan het lesgeven was. De koning vroeg toen wat de brahmaan zo serieus aan het onderwijzen was, dat hij zich niet bewust was van de aanwezigheid van de koning. De brahmaan antwoordde: "Ik was de kinderen dingen aan het leren die hun karakter zullen zuiveren. Het heeft geen zin om zulke zaken te onderwijzen als het niet met volledige aandacht en oprechtheid gedaan wordt." De koning vroeg spottend: "Kunnen enkel woorden het karakter veranderen?" De brahmaan antwoordde: "Zeker, er zal iets veranderen." De koning reageerde: "Het karakter kan niet zomaar veranderen." Op dat moment beval één van de studenten van de brahmaan, een kleine jongen, de koning om weg te gaan. Zodra de koning dit hoorde, werd hij woedend en brulde: "Hoe durf je dat te zeggen! Ik zal jou en je Guru doden, en ook de ashram vernietigen!" Toen de koning dat gezegd had, greep hij de brahmaan bij de nek. Toen zei de Brahmaan tegen de koning: "Vergeef me alstublieft. U zei net dat alleen woorden niet iemands karakter kunnen veranderen. Maar toen een kleine jongen een paar woorden tot u zei, week u opmerkelijk van uw normale karakter af. U was zelfs bereid om mij te doden en alles te vernietigen."

Kinderen, het karakter kan door woorden worden veranderd. Als normale woorden iemands karakter kunnen wijzigen, wat moet de kracht dan niet zijn van een mantra die zijn oorsprong vindt in de Rishi's en die bijakshara's bevat?

Vraag: Amma, is het nuttig om de mantra te reciteren?

Amma: Vast en zeker. Maar vergeet niet dat de mantra met concentratie gereciteerd moet worden. Afhankelijk van iemands bhavana zal hij kracht ontwikkelen. De mentale houding is erg belangrijk. Een arts kan geneesmiddelen voorschrijven en tegen de patiënt vertellen, dat hij moet rusten en bepaald voedsel moet vermijden. Als de patiënt de instructies van de arts opvolgt, zal zijn ziekte genezen. Op dezelfde wijze hebben de Rishi's ons geleerd, dat als we de mantra op een voorgeschreven wijze reciteren, bepaalde resultaten zullen volgen. Als we hun instructies nauwgezet volgen, zullen we zeker de voordelen oogsten die zij beloofd hebben.

Vragen over rituelen

Vraag: Amma, hebben de rituelen die worden uitgevoerd tijdens pitrukarma (ceremonies voor de voorouders) enig effect?

Amma: Kinderen, zuivere sankalpa heeft een grote kracht, maar alleen wanneer sankalpa zuiver, is hebben rituelen het verlangde resultaat. Wanneer pitrukarma wordt uitgevoerd, worden de naam, de geboortester, vorm en houding van de dode persoon in herinnering gebracht en worden de mantra's gereciteerd. Elk ritueel heeft zijn overeenkomstige devata. Net zoals een juist geadresseerde brief die door een zoon aan zijn ouders in een verre plaats is gestuurd, correct ontvangen wordt, zo zal ook het effect van de rituelen de desbetreffende persoon bereiken. Als de sankalpa zuiver is, zal de devata van dat ritueel ervoor zorgen dat het resultaat die bepaalde ziel bereikt.

Vragen over de rishi's

Vraag: Welke garantie is er dat de voorspellingen van de Rishi's zullen uitkomen?

Amma: De oude Rishi's waren mantra-drishta's (zieners). Alles wat ze voorspeld hebben, is uitgekomen. Alles wat in de Bhagavatam geschreven is over Kaliyuga, is juist gebleken. "De vader zal de zoon eten; de zoon zal de vader eten. Alle wouden zullen huizen worden, alle huizen zullen winkels worden." Gebeuren deze dingen niet? Vellen we niet alle bomen en bouwen huizen en winkels in hun plaats? In het huidige tijdperk hebben waarheid en dharma helemaal geen waarde. Is er wederzijds vertrouwen of liefde? Heeft er iemand oprechtheid, geduld of een houding van zelfopoffering?

Zoals de Rishi's voorspelden, is het weer zowel in het regenseizoen als in het zonnige seizoen extreem. De oogst verdroogt tijdens het groeiseizoen door gebrek aan regen. Al deze dingen zijn lang geleden voorspeld door de wijzen.

De oude Rishi's leefden alleen van bladeren en vruchten, deden tapas en realiseerden het geheim van het universum. Heel Gods schepping was als een mosterdzaadje in de palm van hun hand. Zelfs onbezielde voorwerpen gehoorzaamden hun bevelen. De Rishi's deden vele ontdekkingen in oude tijden. In feite werden eeuwen geleden vele van de grootste huidige uitvindingen moeiteloos tot stand gebracht door de Rishi's. Wetenschappers hebben bijvoorbeeld reageerbuisbaby's voortgebracht. Maar de wijze Vyasa creëerde honderd en één Kaurava's van potten klei; hij bracht wat slechts hompen vlees waren, tot leven. Hiermee vergeleken valt de reageerbuisbaby in het niet. In de Ramayana wordt verwezen naar 'pushpaka vimana' (vliegtuig gemaakt van bloemen), terwijl het moderne vliegtuig pas recent is uitgevonden. Er zijn veel van zulke voorbeelden.

Amma beschouwt de huidige wetenschappers en hun ontdekkingen niet als onbelangrijk. Amma zegt eenvoudig, dat er niets is dat niet bereikt kan worden door tapas. Voor de Rishi's was niets moeilijk. Door hun sankalpa waren zij in staat om alles wat ze wilden, te scheppen.

Vragen over Devi Bhava

(Twee avonden per week toont Amma uiterlijk Haar eenheid met de Allerhoogste in wat bekend staat als Devi Bhava Darshan. Devi Bhava betekent 'Stemming van de Goddelijke Moeder'. Gekleed in schitterend gekleurde sari's en met mooie sieraden aan brengt ze de vorm van Devi in volle luister naar voren en geeft ze met deze instelling bemoediging en troost aan de mensen).

Vraag: Waarom draagt Amma een kostuum tijdens Devi Bhava? Shankaracharya, Ramakrishna Paramahamsa, Narayana Gurudeva… geen van hen droeg zo'n kostuum.

Amma: Als allen identieke rollen hadden, zou één heilige of Mahatma genoeg geweest zijn om de hele wereld te verheffen. De een is niet hetzelfde als de ander. Heiligen en Avatars hebben hun unieke rollen. Sri Rama was niet als Sri Krishna; Ramana Maharshi was niet als Ramakrishna Paramahamsa. Iedere incarnatie heeft een verschillend doel. De methode die zij volgen zal ook verschillend zijn

Kinderen, als we de kleding van een advocaat zien, dan worden we herinnerd aan de rechtszaak die we hebben lopen. Wanneer we een postbode zien, dan worden we herinnerd aan brieven. Evenzo dient Amma's kleding tijdens Devi Bhava om je aan de Allerhoogste te herinneren. Hier volgt een verhaal.

Er was eens een belangrijk leider uitgenodigd voor een conferentie. Hij kwam in de eenvoudige kleding van een gewoon iemand. Door zijn eenvoudige kleding herkenden de mensen die de bijeenkomst hadden georganiseerd, hem niet en lieten ze hem niet toe tot de plechtigheid. De leider ging toen naar huis en kleedde zich in een chique kostuum. Toen hij naar de bijeenkomst terugkeerde, werd hij verwelkomd en kreeg hij een overvloedige maaltijd aangeboden. In plaats van te eten trok de leider zijn jas, stropdas overhemd en schoenen uit en plaatste ze voor het voedsel. Verbaasd over dit merkwaardig gedrag, vroegen de gastheren hem om uitleg. De leider antwoordde: "Toen ik in de kleding van een gewoon iemand kwam, minachtten jullie me. Daarna, toen ik goed gekleed kwam, verwelkomden jullie me. Wat jullie eren en verwelkomen, is de kleding en niet mijzelf. Laat daarom deze kleding het eten nuttigen."

De wereld legt grote nadruk op uiterlijke verschijning. Dat is de reden dat Amma een speciaal kostuum draagt tijdens Devi Bhava. De visuele verschijning van Amma in Devi Bhava is om je te bevrijden van je beperkte waarneming van het Zelf en herinnert je aan de Allerhoogste, wat onze ware aard is.

Liefde

Kinderen, verspil de tijd niet die God je heeft gegeven. Zoek je toevlucht bij de universele moeder. Alleen Zij kan belangeloos van je houden. Je hebt het bij het verkeerde eind als je denkt dat andere mensen van je houden. De liefde van menselijke wezens is geworteld in zelfzucht. Amma zal een verhaal vertellen om deze waarheid te illustreren.

Op een ochtend gingen een vader en zijn dochter samen op reis. Ze reisden de hele dag en zagen onderweg vele mooie plaatsen. Tegen de avond bereikten ze een hotel waar ze de nacht konden doorbrengen. Op het moment dat de hoteleigenaar hen zag, verwelkomde hij hen met grote liefde en respect. Ze werden naar een goed gemeubileerde kamer gebracht en verscheidene bedienden brachten hun eten. De bedienden namen vrolijk hun vuile kleren en brachten ze mooi gewassen en gestreken terug, ze gaven hun warm water voor hun bad en brachten hun wat ze maar nodig hadden. Die nacht zongen en bespeelden muzikanten hun instrumenten alleen voor hen.

De volgende morgen, toen de vader en de dochter zich klaarmaakten om te vertrekken, zei de dochter: "Vader, wat zijn deze mensen vriendelijk!" Voordat hij haar kon antwoorden kwam een bediende om de hotelrekening te geven. De vader zei tegen zijn dochter: "Dit is de rekening voor al hun liefde. Zij brengen ons elke geleverde dienst in rekening. Hun liefde is gebaseerd op zelfzucht."

Kinderen, wereldse liefde is net zo. De wederzijdse liefde die mensen elkaar lijken te tonen is gebaseerd op zelfzucht. Als iemand tegen onze wensen ingaat, dan houden we niet meer van hem. Onbaatzuchtige liefde kan alleen ontvangen worden van God, de belichaming van liefde. Ken deze waarheid en streef ernaar God te realiseren. Gebruik de innerlijke Essentie op een juiste manier.

Vragen over woede

Vraag: Hoeveel ik ook mediteer en japa doe, ik schijn er geen enkele baat bij te hebben. Amma, waarom is dit?

Amma: Zoon, word je niet vaak kwaad? Het voordeel dat we door spirituele oefeningen verworven hebben, kan op vele manieren verloren gaan. Door kwaadheid, lust, hebzucht, jaloezie of iedere andere negatieve emotie kunnen we iedere verdienste die we verworven hebben, kwijtraken. Vergeet dit niet. We gaan bij voorbeeld naar een tempel voor het aanbidden van God. Nadat we devotioneel rond de tempel hebben gelopen, staan we vol verering voor de Godheid. Stel dat er dan iemand voor ons komt staan en ons zicht blokkeert. Onmiddellijk worden we boos en op dat moment is alle energie die we door onze concentratie verworven hadden, verdwenen. Zelfs als God Zelf vermomd zou komen, zouden we boos op Hem worden. Dit is onze gewoonte. Hoe kunnen we dan enige baat hebben bij het doen van japa of meditatie?

Een spirituele aspirant mag nooit boos worden. Wanneer we boos worden, gaat veel van de energie en kracht die door sadhana verkregen is, verloren. Alleen door met veel shraddha te handelen kan een spirituele aspirant het doel bereiken. Wat we ook zien of horen, moeten we in afzondering overdenken. Alleen dan mogen we een beslissing nemen. Word nooit slaaf van de omstandigheden, probeer hen te overstijgen.

'Ik ben Brahman'

Vraag: Amma, de geschriften verkondigen dat alles Brahman is. Als dat waar is, ben ik ook Brahman. Waarom is sadhana of bhakti dan nodig?

Amma: Kinderen, als iemand achter je je naam roept, draai je je dan niet om om te antwoorden? Dat toont dat je nog leeft in het gebied van naam en vorm. Voor mensen zoals wij zijn onderscheidingen als 'vandaag', 'gisteren' en 'morgen' erg echt. We houden van begrippen als 'ik', 'mijn', 'jij', 'jou', 'hem' en 'zijn'. We zijn gehecht aan onze vrouw en kinderen en aan ons huis en bezittingen. We hebben voorkeur en afkeer. Wat dit alles laat zien is dat, hoewel we in werkelijkheid de hoogste Brahman zijn, we ver weg zijn van de feitelijke ervaring hiervan. De waarheid 'Ik ben Brahman' is nog niet gerealiseerd. Het is nog geen feit in ons leven.

Als alles Brahman is, als zelfs dieren die niet in staat zijn tot verstandelijk denken,

Brahman zijn, dan is in dit stadium onze bewering dat we Brahman zijn niet verschillend van een hond of varken, die beweren Brahman te zijn. Laten we niet dat soort Brahman zijn.

De Rishi's uit vroeger tijden beweerden vanuit feitelijke ervaring dat alles Brahman is. Alleen vanuit de diepte van hun eigen verwerkelijking verklaarden zij 'Ik ben Brahman'. Kinderen, ga na het lezen van enkele boeken niet rondvertellen 'Ik ben Brahman'. Als je dat doet, ben je als een oppasser die, terwijl hij het eigendom van iemand anders bewaakt, zich dwaas verkneukelt dat het eigendom van hemzelf is.

Zowel de jackfruit als het zaad ervan kunnen beweren Brahman te zijn. Maar de vrucht is zoet en veel mensen genieten ervan, terwijl het zaad gekookt en gekruid moet worden voordat het gegeten kan worden. Op het ogenblik ben je alleen zaad. Een grote transformatie is nodig voordat je de zoete vrucht

wordt. Door spirituele oefeningen, door je te
houden aan yama's en niyama's (geboden en
verboden) kan ieder van jullie werkelijk het
doel bereiken.

Kinderen, Brahman is niet iets dat in
woorden kan worden uitgedrukt. Brahman
kan alleen ervaren worden. Er is een verhaal
dat deze waarheid illustreert. Een van de grote
rishi's, die voortdurend in de ervaring van
Brahman leefde, zond zijn zoon voor onderwijs naar een Gurukula. Na vele jaren van studie van de geschriften, keerde de jongen naar
huis terug vol ijdele trots over zijn prestaties.
Hij gebruikte moeilijke filosofische woorden
en begon zijn vader uit te leggen wat Brahman
is, terwijl hij herhaaldelijk verklaarde: 'Ik ben
Brahman'. De vader die de verwaande taal en
gedrag van de jongen zag, werd bewogen door
intens medelijden en zei: "Beste jongen, breng
me een schotel melk en wat suiker." De zoon
deed dit. De rishi vroeg de jongen om de suiker

in de melk op te lossen. Toen de jongen dit gedaan had vroeg de vader hem om een beetje van de gezoete melk van het midden van de schotel te nemen en het te proeven. De jongen proefde de gezoete melk. "Hoe smaakt het?", vroeg de vader. "Het smaakt zoet", zei de jongen. "Kun je me vertellen wat zoetheid is?", vroeg de vader. De jongen kon geen woorden vinden. De vader vroeg hem toen om een klein beetje melk van een aantal verschillende delen van de schotel te nemen en het te proeven. De jongen deed het. "Hoe smaakte het iedere keer?", vroeg de vader. "Het is allemaal zoet, het is overal zoet." "Hoe zoet is het?" Weer kon de jongen geen woorden vinden, hij kon zijn ervaring niet beschrijven. Toen zei de rishi: "Zoon, om de smaak van de melk te vertellen, moest je het eerst proeven, nietwaar? Maar zelfs nadat je het geproefd had, kon je de ervaring van de smaak niet uitleggen. Als dit geldt voor een gewone stof als melk, wat dan te zeggen over de hoogste werkelijkheid, de basis van alle bestaan? Zoon, hoe kun je hopen om de ervaring van Brahman uit te leggen zonder eerst Brahman te realiseren, Brahman die alles doordringend is en voorbij alle onderscheid."

Na een onderbreking ging de rishi verder: "Kind, Brahman is niet iets om te ontheiligen of te bezoedelen door woorden of leeg gepraat. Het moet gekend en gerealiseerd worden door directe ervaring."

Kinderen, God, de alles doordringende waarheid, is zowel met als zonder kenmerken. De waarheid is voorbij alle woorden. Hij is voorbij alle dualiteit en verschillen. De werkelijkheid moet gekend en ervaren worden. Grootspraak en zeggen: 'Ik ben Brahman' heeft geen zin. Men moet moeite doen om die waarheid te verwerkelijken door sadhana.

Er liep eens een geleerde over straat die de Sanskriet regels zong: "Sarvam Brahmamayam, re re, Sarvam Brahmamayam", wat betekent: "Alles is Brahman, alles is Brahman". Een man die hem op de proef wilde stellen, kwam van achteren naar hem toe en prikte hem met een doorn. De geleerde die de pijn niet kon verdragen, schreeuwde het uit. Hij draaide zich om en toen hij de man zag, werd hij kwaad. "Jij, dwaas, hoe durf je me te prikken! Weet je niet wie ik ben? Ik ben die en die, de zoon van die en die, de kleinzoon van de beroemde die en die. Toen sprong hij op de man af en sloeg hem.

Kinderen, de Brahman die we thans zijn is als deze pundit-Brahman, de Brahman die schreeuwt, de Brahman die in woede uitbarst, de Brahman die op anderen wraak wil nemen.

Van de andere kant is hier een verhaal over iemand die volledig in Brahman gevestigd was. Een Mahatma liep ergens en zong hetzelfde Sanskriet vers ("Alles is Brahman, alles is Brahman"). Een schurk kwam van achteren en sneed wreed de Mahatma's arm af met een groot mes. Maar de Mahatma was zich zelfs niet bewust van de verwonding. Zijn omgeving vergetend en ondergedompeld in gelukzaligheid zette hij zijn weg voort en zong zoals te voren. Toen werd het de woesteling duidelijk dat hij tegen een Mahatma gezondigd had. Vol berouw smeekte hij de Mahatma om hem te vergeven. Maar de Mahatma was er zich zelfs niet bewust van wat er gebeurd was. Hij vroeg: "Gezegend Zelf, waarom vraag je mij om vergeving?" De man zei: "In mijn boosaardige onwetendheid heb ik uw arm afgesneden." Pas toen merkte de Mahatma op dat zijn arm afgehakt was. Hij ging nonchalant met zijn hand over de wond en kijk, de afgehakte arm was meteen weer vastgemaakt en de wond genezen. De Mahatma zei toen tegen de schurk: "M'n lieve kind, ik liep te zingen: 'Alles is Brahman, alles is Brahman', maar om de wond te genezen, moest ik er met mijn hand overheen gaan. Dit toont aan dat ik nog steeds in het gebied van het handelen ben".

Kinderen, totdat we werkelijk in de ervaring dat we Brahman zijn leven, hebben we het recht niet om rond te bazuinen: "Ik ben Brahman, ik ben Brahman." Laten we niet zijn als de pundit in het eerste verhaal. Laten wij als de Mahatma worden.

Kinderen, tegenwoordig kan iedereen die 50 roepies wil uitgeven, een boek over de Brahma Sutras in een boekwinkel kopen en kan misschien in twee weken de verzen van buiten leren. Toch is het volslagen zinloos om vol intellectuele kennis rond te lopen en te zeggen: "Ik ben Brahman." Vertaal deze waarheid liever door sadhana in je eigen leven en word een voorbeeld voor de samenleving.

Kinderen, als je één uur een spiritueel boek leest, moet je tien uur nadenken over de les ervan. Dat is de manier als je de werkelijke strekking van die lessen in je wilt laten dagen.

Mijn liefste kinderen, meer dan alle kennis van de geschriften zijn het prema en bhakti (hoogste liefde en devotie) die ons zullen redden. Ons hart moet smachten naar God. Stel je de intensiteit van het verlangen voor waarmee je je vinger in koud water wilt dompelen, als je hem toevallig verbrand hebt. Dat zelfde intense verlangen om God te realiseren moet je altijd voelen. Onze redding ligt in die pure bhakti.

Verklarende woordenlijst

Advaita: *Filosofie van non-dualiteit.*

Akhanda Satchitananda: *Onverdeeld Zijn-Bewustzijn-Gelukzaligheid.*

Asana: *Yogahouding, zithouding voor de meditatie.*

Atman: *Het Zelf.*

Avatar: *Incarnatie van God.*

Bharatam: *India.*

Bhajan: *Devotioneel zingen.*

Bhakti: *Devotie.*

Bhakti Yoga: *Het pad van Yoga door devotie.*

Bhavana: *Stemming, houding.*

Bhava Roga: *De ziekte van het 'worden', (zielsverhuizing).*

Bhaya Bhakti: *Devotie met angst, ontzag en eerbied.*

Bijakshara's: *Kernletters van mantra's (bv. hrim, klim, aim, om).*

Brahma: *God van de schepping.*

Brahman: *Het Absolute.*

Brahmacharya: *Oefening in discipline en zelfbeperking, celibaat.*

Brahma Sutras: *kernachtige uitdrukking van de Vedanta filosofie, opgesteld door Badarayana.*

Darshan: *Verschijning of audiëntie van een heilige of van God.*

Devata: *Lagere god of godin.*

Devi: *Goddelijke Moeder, Godin.*

Dhyana: *Meditatie.*

Diksha: *Initiatie.*

Ekadasi: *Elfde dag van de maanmaand.*

Guna: *Kwaliteit, eigenschap (zie sattva, rajas, tamas).*

Guru: *Spirituele meester.*

Gurukula: *Instituut voor onderwijs geleid door een Guru.*

Homa: *Vedische offergave waarbij het medium vuur wordt gebruikt.*

Ishta Devata: *Geliefde of gekozen Godheid.*

Isvara: *God, Heer.*

Janma: *Een geboorte of mensenleven.*

Japa: *Herhaling van een mantra of goddelijke naam.*

Jiva: *Individuele ziel.*

Jivanmukta: *Bevrijde ziel.*

Jivanmukti: *Bevrijding van de ziel terwijl ze in het lichaam leeft.*

Jivatma: *Individuele zelf.*

Jnana: *Kennis (van het Zelf).*

Jnana Yoga: *De Yoga van Kennis.*

Kaliyuga: *Donker tijdperk van materialisme.*

Karma: *Handeling.*

Karma Yoga: *Yoga door middel van onthecht handelen.*

Kumbhaka: *Inhouden van de adem tijdens pranayama.*

Lakshya Bodha: *Bewustzijn van of gerichtheid op het doel van Godsrealisatie.*

Mahatma: *Letterlijk een grote ziel, ook een gerealiseerd wezen.*

Maheshvara: *Shiva, de grote heer.*

Mala: *Rozenkrans bestaande uit 108 kralen die gebruikt wordt voor japa.*

Mantra: *Heilige of mystieke formule of combinatie van woorden die, als ze herhaald worden, spirituele kracht en zuiverheid teweeg brengen.*

Mantra Drishta's: *Wijzen die mantra's visualiseerden.*

Maya: *Universele illusie.*

Mitya: *Altijd veranderend, niet eeuwig.*

Nirvikalpa Samadhi: *Toestand van eenheid met het Absolute.*

Nitya: *Eeuwig.*

Ojas: *Verfijnde levenskracht.*

Paramatma: *Het hoogste Zelf.*

Pitru Karma: *Religieuze ceremonies voor de overledenen.*

Prana: *Levenskracht.*

Pranayama: *Ademhalingsoefeningen om beheersing van prana te verkrijgen.*

Puja: *Eredienst.*

Purana's: *Oude heldendichten.*

Pushpaka vimana: *Een beroemd vliegtuig dat gebruikt wordt in de Ramayana.*

Rajas: *De guna van activiteit.*

Ramayana: *Het heldendicht over Sri Rama.*

Rishi: *Oude ziener.*

Satguru: *Gerealiseerde meester.*

Sadhak: *Spirituele aspirant.*

Sadhana: *Spirituele oefeningen.*

Sahaja Samadhi: *Natuurlijk verblijf in het Zelf.*

Sahasranama: *De 1000 namen van God.*

Samadhi: *Yoga trance of hogere bewustzijnstoestand.*

Samsara: *Cyclus van geboorte, dood en wedergeboorte.*

Samskara: *Latente neiging van de geest.*

Sanatana Dharma: *De eeuwige religie van de Veda's.*

Sankalpa: *Een besluit.*

Sannyasi: *Iemand die alles verzaakt.*

Satchitananda: *Zuiver Zijn-Bewustzijn-Gelukzaligheid.*

Satsang: *In heilig gezelschap vertoeven.*

Sattva: *De guna van zuiverheid en helderheid.*

Savasana: *Yoga oefening: lijkhouding.*

Savikalpa Samadhi: *Waarneming van de werke-lijkheid terwijl men het gevoel van dualiteit behoudt.*

Shakti: *essentiële kracht van het universum, geassoci-eerd met het vrouwelijke aspect van het goddelijke.*

Siddha Oushada: *Perfect geneesmiddel.*

Siddhi's: *Psychische vermogens.*

Shraddha: *Geloof of aandacht, zorg.*

Srimad Bhagavatam: *Heilige geschrift over het leven van Sri Krishna, zijn daden en leringen.*

Tamas: *De guna van traagheid.*

Tapas: *Soberheid, boetedoening.*

Upadesha: *Advies of lering.*

Vasana's: *Aangeboren neigingen van de geest, opge-daan tijdens dit en vorige levens, bv. woede, begeerte, hebzucht, jaloezie, e.d.*

Vishnu: *God van instandhouding.*

Yagya: *Vedische offergave.*

Yogasana's: *Yoga houdingen.*

* 9 7 8 1 6 8 0 3 7 5 0 9 1 *